포르투갈, 모로코, 스페인 여행기

포르투갈, 모로코, 스페인 여행기

초판 1쇄 인쇄 2008년 6월 20일
초판 1쇄 발행 2008년 6월 25일

지은이 윤영순
펴낸이 김재광
펴낸곳 도서출판 솔과학
주소 서울 마포구 염리동 164-4 삼부골든타워 302호
전화 02-82-714-8655
팩스 02-82-711-4656

출판등록 1997년 2월 22일 (제10-104호)
ISBN 978-89-92988-16-8
*잘못 만들어진 책은 구입처나 본사에서 교환해 드립니다.

윤선생 세계여행시리즈1
여행하며 배우는 재미있는 세계역사

포르투갈, 모로코, 스페인 여행기

윤영순 지음

책을 쓰며

 학교를 졸업하고 다시 학교에 들어 와 40년 가까이 가르치는 일을 하다가 정년을 맞으니 지나 온 길은 학교와 따로 떼어 생각할 수 없는 삶이었다. 교사로 여기까지 오도록 큰 과오 없이 소임을 다할 수 있었음은 함께 걸어 온 선생님들의 도움이 컸다고 생각하며 이제야 내심 뿌듯하고 다가오는 자유의 예감으로 행복하다.
 대구의 경명 학숙은 참되고 아름다운 사람을 기르고 가르치는 역사 깊은 사학이다. 사학의 교사들은 늘 그 자리에서 다음에 오는 학생들을 맞이하고, 한결같은 마음으로 정성스럽게 가르친다. 해마다 새롭게 3월을 시작하며 2월에 마무리한다. 아이들은 3년 사이에 눈부시게 자라서 보내는 마음을 아쉽게 하곤 했다.
 어둡고 힘들었던 순간들은 모두 사라지고, 5월의 풀밭처럼 맑고 푸르른 아이들에게 나의 지식을 명료하게 나누어 주던 교실 수업, 삶의 지혜를 심어주던 훈화들, 커나가는 아이들의 고민에 귀 기울여 들어주고, 기댈 곳 없어 슬픈 아이들은 내 품으로 안아 주던 순간들, 다양하고 즐거웠던 학교의 행사들…. 아름답고 가슴 벅찼던 기억만 떠오른다. 그 긴 세월이 조금도 지루하지 않았다.
 1990년부터 이런 저런 여유가 생겨 방학이면 먼 나라로 여행을 다닐 수 있었다. 패키지 유형이지만 어릴 적부터 꿈꾸던 세계 여행을 시작한 것이다. 서유럽의 여러 도시(파리, 런던, 뮌헨, 드레스덴,

브뤼셀, 암스테르담)를 시작으로 동유럽(오스트리아, 폴란드, 체코, 헝가리), 북유럽(덴마크, 스웨덴, 핀란드, 노르웨이), 러시아의 모스크바, 상트페테르부르크, 이탈리아 일주, 터키 일주, 호주 시드니, 뉴질랜드, 중남미(멕시코, 쿠바, 칠레, 아르헨티나, 브라질), 발칸반도(슬로베니아, 유고슬라비아, 불가리아, 크로아티아, 보스니아), 이베리아 반도(포르투갈, 스페인), 성지순례로 이집트, 이스라엘, 요르단에 갔고, 아시아 쪽으로는 중국 베이징, 일본 도쿄, 나라, 교토, 태국, 싱가포르, 필리핀, 라오스, 미얀마를 다녀왔다.

지난해에는 서부 아시아와 인도를 연결하는 파키스탄 라호르를 시작으로 19일간의 실크로드 문명 탐사를 감행했다. 이슬라마바드, 탁실라, 페사와르를 탐방하고 카라코람하이웨이와 인더스 강을 따라 길기트로 이동, 훈자마을을 거쳐 쿤자랍 고개를 넘었다. 중국 탁스쿠르간에 도착, 위구르 족의 실질적인 수도인 카슈가르를 거쳐 우루무치, 투루판을 보고 타클라마칸 사막을 횡단하여 돈황으로 이동, 세계불교미술의 보고인 막고굴을 감상하고 고비사막을 가로질러 란주로 옮겨 실크로드 첫 관문인 천수를 탐방하고 돌아왔다.

세계 역사를 읽을 수 있는 유물들이 가득한 박물관들, 세계적인 화가들의 대작을 마주대하고 감상하는 미술관들은 내 사고의 영역을 새롭고 풍요롭게 변화시켰다. 웅장하고 아름다운 궁전을 거닐고, 담청빛 맑은 호수를 바라보고, 소금광산을 보며 놀라고, 사막을 가르며 달려도 보고, 빙하가 쩍쩍 갈라지는 소리를 들으며 지구 온난

화 현상을 걱정하고, 문화 발생의 진원지를 답사하면서 내 마음은 더 넓어지고 더 자유로워졌다. 가르치는 일에 지혜와 열정을 더해주었다.

여행하면서 만나는 아름다움은 목적지에만 있는 것이 아니고 가는 길에도 있었고 돌아오는 길에도 기다리고 있었다. 보라색 바다와 분홍색 야생화, 낮은 산 위에 안개, 바위를 깨고 자라나는 푸른 생명들, 신선한 바람의 행렬, 상상을 초월하는 자연의 모습을 보고 느끼는 경외감은 나를 겸손하게 만들었고 깊은 사유의 경지로 이끌어 주곤 했다.

글 읽는 수준은 세월 따라 점점 높아지는 것 같았지만 글을 쓸 수 있는 문학적 재능은 자라지 않는다고 안타까워하면서도 여행기만은 쓰고 싶었다. 여행하고 돌아오면 틈틈이 글로 옮기며 여행지를 다시 한 번 세세하게 다녀오는 회상은 다른 일과 비교할 수 없는 즐거움을 주었다.

또 하나, 나의 가족 보다 더 많은 시간 동안 얼굴 마주보며 지내던 친밀했던 경명의 가족들과 헤어져야하는 그 시간을 위해, 내 나름 작은 선물로 내가 여행한 나라의 이야기를 책으로 묶어 전해주고 싶었다.

더불어 가장 중요한 인연을 맺은 수만 명 제자들, 이제 중년의 편안함에 묻혀있을 초기의 제자들의 서재에서, 아직 꿈 많은 사춘기의 소녀 제자들의 책장에서 지면으로라도 다시 만나 볼 수 있다면 얼마나 기쁠까, 그 기대로 가슴 설레며 이 책을 만들었다.

요즘 학생들은 잘 참지 못하며 의미형성 과정에서 꼭 필요한 서행을 지루해하고, 텍스트만 보면 고민하고, 수업도 오락시간 같이 진행되기를 원한다. 그러나 그들이 읽고 쓰기를 당연한 것으로 중시하는 그런 사람들이 되기를 바라고, 그들이 원하는 환상의 세계에 대한 욕망을 우선 책으로 충족할 수 있기를 바라며 나는 여행기를 계속 쓸 것이다.

방학마다 긴 여행을 할 수 있었던 것은 팔순이 넘도록 건강을 유지하시는 어머니께서 흔쾌하게 허락해 주신 사랑과, 열심히 일한 당신, 떠나라고 응원해준 남편의 깊은 배려의 덕분임을 말하지 않을 수 없다.

마지막으로 대부분의 여행 코스를 알차게 기획하고 가이드해주신 트레블 메카의 박삼 사장님과, 여행기로 태어나게 수고해주신 솔과학의 김 대표께도 이 자리를 빌려 고마움을 전하고 싶다.

2008년 5월 31일 학교에서

차례

1. 포르투갈

로카 곶　16
신트라　19
리스본　24
벨렘지구　33
벨렘 탑　38
세비야의 스페인 광장　42
세비야 대성당　47
히랄다 탑　51

2. 모로코

랑헤르　62
페스　67
라바트　81
카사블랑카　87
타진　93

3. 스페인

말라가　102
그라나다　106
플라멩꼬　117
꼬르도바　120
세르반떼스 기념박물관　131
똘레도　136
엘 그레꼬　143
마드리드　147
마요르 광장　149
프라도 미술관　152
소피아 미술관　157
태양의 문　160
바르셀로나　161
몬세랏 산　170
피카소 미술관　173
가우디의 도시　176
구엘공원　182
몬주익 공원　189
사그라다 파밀리아　190
바르셀로나 대성당　193
아디오스, 바르셀로나　195

1 포르투갈

2005년 여름 방학을 시작하고 7월 25일, 에스파냐 패키지여행 팀원 17명을 인천 국제공항에서 만나 12:40에 출발하는 KL 866을 탔다. 자리를 정돈하고 책을 펼쳐놓은 후, 여행의 횟수가 거듭될수록 더욱 설레는 마음을 가라앉히면서 차가운 비행기 유리창에 얼굴을 갖다 대어본다. 창 밖에 펼쳐지는 하얗고 포근한 구름평원이 역시 반가웠다. 유유히 흘러가는 구름, 멈추어 서있는 구름, 비행기에서 이렇게 망망한 구름 들판을 내려다보고 있으면 순풍에 흘러가는 돛단배를 타고 있는 것처럼 마음이 편안해지는 느낌이 들었다.

　영화를 두 편, 식사를 4번이나 하는 긴 비행에도 지루한 줄 몰랐으니 이제는 오랜 시간을 비행기 안에서 보내는 시간까지 즐기는 방법이 터득된 것 같았다. 11시간 후, 암스테르담에 도착하니 공항에 비가 내리고 있었다. 공항 안에서 약 3시간 동안 기다리다 다시 리스본으로 가는 비행기로 바꿔 타고 3시간 더 가서야, 밤 22시(시차 8시간)에 포르투갈 최대의 도시, 리스본에 도착했다.

이베리아 반도 서쪽 끝에 위치하고 있는 포르투갈은 북쪽과 동쪽은 스페인과 국경을 맞대고 있고, 서쪽과 남쪽은 840km의 해안선으로 대서양과 접하고 있다. 포르투갈의 근간은 이베리아 반도의 서부 루지타니아 지역이다. 가장 먼저 이곳에 거주한 민족은 이베로인이었고 B.C 12세기에는 페니키아인, B.C 7~6세기에는 카르타고인과 그리스인이 이 반도에 나타났다. 그 후, 켈트족이 침입했고, B.C 218년에는 로마인이 침입해 약 150년 동안 루지타니아 지역을 지배하였다. 이 로마화 과정에서 라틴어가 포르투갈어의 기원이 되었으며 이후 기독교도 전파되었다.

711년에는 북아프리카의 무어인이라 불리는 이슬람세력이 이베리아 반도를 침략하기 시작하여 5세기에 걸쳐 아랍문화의 영향을 크게 끼쳤다. 십자군 운동이 벌어지고 있던 11세기에는 이베리아 반도가 기독교인과 무어인의 왕국으로 분열되었고, 14세기 중엽에는 흑사병으로 포르투갈 전역이 사회적으로 정치적으로 큰 혼란을 겪었다. 15~17세기 중반에 일어 난 포르투갈의 세계사적인 해외 영토 확장은 그 나라의 지리적 조건, 해양 문화의 전통과 정치 경제적, 사회적 요인 등 여러 가지 복합적인 요인들이 있었다.

1490년대에 인도의 발견 및 인도 항로 발견으로 세계는 크게 두 개의 지역으로 나뉘어졌다. 카브 베르드 제도의 서쪽에 그어진 자오선을 기준으로 서반구는 스페인령으로, 동반구는 포르투갈령으로 권리가 인정된 것이었다. 따라서 포르투갈은 남대서양의 지배권을 확보했고, 아시아에 대한 팽창도 계속되었다. 일본에는 조총과 화약을 전달하였고 마카오를 획득하였으며, 브라질을 설탕 생산국으로 만들어 유럽시장을 장악하므로 리스본이 동양 교역의 중심지가 되었다.

그러나 1578년 알카세르 키비르 전투에서 왕이 후계자 없이 죽고 스페인 왕국의 펠리페 1세가 왕이 되면서 대규모 저항이 시작되어 그 후 20년 동안 독립전쟁을 계속하였다. 1668년에 포르투갈은 영국의 도움으로 스페인과 평화조약을 체결하였으나 절대왕정과 귀족 사이에 첨예한 대립의 시기를 겪었다. 1910년 혁명이 발발했고, 1914년 4월 민주화를 목표로 일어난 유혈 쿠데타가 40년 이상 계속된 독재정치를 끝나게 했다. 쿠데타 후 대통령이 된 스피놀라 장군이 좌파의 압력으로 1974년 사임함으로 민주주의가 시작되었으며 1986년에 EU에 가입하였다.

로카 곶

아침에 일어나니 구름 낀 흐린 날씨였다. 호텔 레스토랑에서 빵과 커피로 아침식사를 했는데 빵이 유난히 맛있었다. 나는 빵을 별로 좋아하지 않는데 나도 모르게 '포르투갈의 빵이 이렇게 맛이 있구나!' 라고 말할 정도였다.

아침 8시, 유라시아 대륙에서 가장 서쪽에 자리 잡고 있는 포르투갈에 와서 다시 서쪽 땅 끝에 있는 마을, 로카 곶으로 출발했다. 가다보니 길 가운데 화단에 흰색, 분홍색 유도화가 피어 있고 길 가에는 미루나무들이 줄서있어 먼 나라에 온 것 같지 않았다. 버스가 언덕으로 한참 올라가더니 너른 평지에 섰다. 까보다 로카, 이름 그대로 바람 부는 높은 바위 언덕에 등대가 서있다. 도톰한 잎새의 키 작은 풀들이 푸른 융단처럼 누워있다. 이렇게 세찬 바람 속에도 살아남은 그들은 어떻게든 살아야 한다는 의지는 인간에게만 있는 것이 아니라고 말해주는 것 같았다.

언덕에는 등대뿐 아니라 노란 파스텔 톤의 레스토랑과 둥근 묘비가 하나, 그리고 절벽 가까이 로카 곶의 상징물인 높은 십자가 석탑이 보였다. 석탑이 서 있는 쪽으로 내려 가보았다. '최서단 땅' 이라는 표시와 몇 줄의 시 구절이 새겨 있었다. 16세기 포르투갈어권 최고의 작가, 루이스 드 카몽이스의 시에서 따온 구절로 "여기 뭍이

유라시아 대륙의 서쪽 땅끝, 로카 곶

끝나고 바다가 비롯되었다."는 뜻의 글이라 했다. 이렇게 기념탑을 세우고 글로 써 놓고 보니 땅은 끝나고 바다가 시작되는 곳은 유일하게 이 곳 뿐인 것 같다는 생각을 하게 했다. 사실 바다가 시작되는 땅 끝 마을은 지구상에 많고 많은데….

파도가 만든 리아스식 해변의 절벽, 로카 곶, 대서양으로 돌출한 높이 140m의 절벽 위에 거세게 부는 바람과 마주하고 서 보았다. 바로 아래 철썩이는 파도와 끝없이 밀려드는 하얀 포말 너머로 솟아오르는 검푸른 기운을 느끼며 일찍이 포르투갈의 바다로 향한 꿈은 이곳에서 시작되었겠구나 생각했다. 대양을 향해 열려있는 이 바다에 뛰어 들어가 일직선으로 헤엄쳐 가면 미국의 뉴욕으로 바로 갈 수 있다고 했다. 막연하게 상상했던 신대륙 발견이라는 세계역사의 한 페이지가 명료하게 이해되는 순간이었다. 그 지점이 바로 북위 38도 47분, 서경 9도 30분의 지점이기 때문이었다.

유럽인들은 이 바다로 나가 새로운 세계를 만났고 부유함을 얻었고 세계를 주름잡는 기회를 잡았다. 그러나 한편 이 발견은 중 · 남미 아메리카의 원주민들은 경악스러운 파국을 맞았고 이베로 아메리카 즉 라틴 아메리카가 탄생하였다.

이 이베리아 해변에 연 1600만 명 이상의 관광객이 모여든다하니 놀라운 숫자다. 관광 사무소에서는 방문객들에게 그들의 이름을 넣어 '유라시아 최서단 도착 증명서'를 발급해주고 있었다. 내려오면서 보니 어촌 로카 곶은 나지막한 집들과 야생 나팔꽃들이 피어있는 돌담길이 제주도 어촌 마을과 비슷했다. 버스를 타고 오다가 어디쯤인가, 휴게소에 내렸다. 휴게소에 기념품점이 따로 있어 들어갔다가 빨간색 종을 살 수 있었는데 특이하게 손잡이가 닭 모양이었다. 순례자를 상징하는 닭, 베드로가 회개하도록 깨우쳐 준 닭이라 생각했는데 알고 보니 포르투갈의 상징 동물이 바로 수탉이라고 했다.

신트라

다음 목적지는 1995년 유네스코에서 세계문화 유산으로 지정한 동화의 나라 신트라이었다. 영국의 시인 바이런이 '에덴의 동산'이라고 불렀다는 신트라, 월트 디즈니로 하여금 월트 디즈니사를 만들게 했다는 신트라, 그 성이 얼마나 아름다울지 기대하며 즐거웠다. 50여분 달려 도착한 신트라는 숲이 울창한 산 중턱에 자리한 아름답고 깨끗한 도시였다. 구릉진 언덕 위에 자리 잡고 있어도 길은 고급스럽게 대리석이 깔려있고 꽃으로 꾸며놓은 하얀 집들이 숲 속에 서 있는 모습이 그림 같은 풍경이었다. 고개를 들고 멀리 보니 담장 너머로 커다란 굴뚝이 멋있는 귀족풍의 대저택들, 아름다운 궁전들, 무어인의 성이 안개 속에 묻혀있었다.

신트라의 옛 건물들 중엔 사람이 살지 않고 비어있는 그래서 버려진 모습도 보였지만 좁은 거리에는 관광객들이 넘쳐나고 있었다. 여기서 다시 페나 성까지 올라가는 차를 타기위해 줄을 서서 기다려야 했다. 기다리는 동안, 여기저기 기웃거리다가 고즈넉해 보이는 성당이 보여 들어가 보았다, 오래된 성당이었고 성당 안에도, 뜰에도 사람이라고는 볼 수 없는 빈 성당이었다.

마침내 우리 차례가 되어 창문이 넓은 초록색 차를 탔다. 능선을 따라 올라가는데 높이 올라갈수록 운무가 점점 짙어지고 있었다. 나이가 족히 수백 년 되었음직한 침엽수들과 고무나무들이 우거진 아름다운 숲길에 운무가 내리니 신비로움이 밀려왔다. 100m 쯤 올라

동화의 나라 신트라의 궁전

가니 드디어 높은 산 짙푸른 나무 사이에 노랑, 파랑, 주황의 파스텔 색채로 예쁘게 치장한 페나 성의 뾰족 탑들이 희미하게 들어나기 시작했다. 환호성을 지르며 차에서 내렸으나 여기도 길게 늘어선 줄이 우리를 기다리고 있었다. 더울 것이라고 반소매 옷을 입고 왔는데 비가 내리고 바람까지 세차게 불어 추위가 만만치 않았다. 그러나 운무에 싸인 페나 성을 카메라 렌즈에 담아내는데 추위는 그리 큰 문제가 되지 않았다.

독일의 루트비히 2세의 사촌인 페르디난도 2세가 세운 페나 성은 어쩐지 낯설지 않았다. 페르디난도 2세는 1836년에 포르투갈의 여왕 마리아 2세와 결혼하고 리스본에서 가까운 신트라를 찾아 왔다가 빼어난 이곳 경관에 매료되어 폐허가 된 수도원을 이렇게 다시 세웠다. 예술적 감각이 탁월하여 'Artist King'이라고 불리던 그가 고딕, 마누엘, 이집트풍, 르네상스 요소 등을 가미하여 새로운 감각의 성으로 변모시켜놓은 페나 성은 19세기 낭만주의 예술 사조를 대표하는 건축물이 되었다. 궁전 앞에서 성문이 열리기를 기다리듯 하염없이 기다리다가 드디어 우리도 한 줄로 서서 들어갔다.

　거대한 성문은 곧 무너질 것 같이 불안해 보였고 성의 내부는 생각보다 작은 궁전이었다. 말발굽 모양의 아치형 성문은 거창하게 컸지만 너무 낡아서 지렛대로 받쳐 놓았다. 보기에도 곧 무너질 것 같아 불안했다. 왕궁의 내부는 밖에서 보기보다 작은 궁전이었다. 3,4층의 궁전은 사각형으로 방들이 이어져 있었는데 회랑에서 내려다보니 아래층 한 가운데는 나무를 심어 조경이 아담한 정원을 만들어 놓았다. 왕의 방, 아멜리아 여왕의 방, 거실, 침실, 인디언 방, 터키인의 살롱 등 방들은 하나하나가 다른 이름을 가지고 있고 각양각색으로 아기자기하게 꾸며져 있었다.

　정교한 아라베스크 문양의 타일로 꾸며진 벽면들, 말굽 모양의 이슬람 아치, 오염된 공기를 배출시키기 위해 구멍을 뚫어 놓은 천정 등 놀랍고 재미있는 모습이 많았다. 구석구석 자세히 보려면 더 많

페르디난도 2세가 세운 아름다운 **페나 성**

은 시간이 필요했다. 방마다 문에 줄을 쳐 놓아 밖에서만 볼 수 있게 해놓았지만 불평하는 사람은 아무도 없었다. 수많은 관광객들로부터 당연히 보호받아야 할 만큼 오래되었고 그리고 충분히 예술적으로 꾸며놓은 아름다운 궁전이었다. 카메라 촬영도 제한되어 눈으로 마음에 담아가며 보았다. 1910년까지 실제로 왕족들의 삶의 보금자리였다는데 의자나 침대 같은 가구들의 크기가 보통보다 작아 보였다.

궁전 테라스에 나와서 멀리 바라보았지만 소문처럼 테주 강과 리스본, 그리고 대서양까지 볼 수는 없었다. 오늘처럼 흐린 날씨에는 불가능한 일이었다. 성 주변에 많은 종류의 나무들과 진귀하고 예쁜 꽃들이라도 카메라 렌즈에 담아가기로 했다.

하산하여 다시 신트라 시내로 들어 가 옛날 골목들을 돌아보다가 즐비한 상가를 발견했다. 재미있는 상품들이 너무 많아 시간가는 줄도 모르고 기념품을 고르다가 버스를 타고 보니 어느새 오후 3시가 되었다.

중국식으로 늦은 점심을 먹었는데 푸짐하고 맛있었다. 식사 후, 우리나라에서 까마득히 먼 곳이라고 생각했던 포르투갈 수도, 언젠가 가보리라 기다렸던 도시, 리스본 답사에 나섰다.

리스본

서울 크기의 1/4이라는 리스본은 그리스 신화의 영웅 오디세이가

트로이 전쟁 후 이 지역의 아름다움에 감동하여 건설했다고 한다. 리스본은 일찍이 페니키아, 그리스, 카르타고 시대부터 유럽대륙 대서양 연안 굴지의 양항으로 유명했으며, 15~16세기에는 유럽 유수의 상공업 도시가 되었다. 1755년 대지진으로 아름다운 건축물들이 대부분 손상되었다고 하지만 지금도 여전히 아름다운 도시라는 느낌이 들었다.

리스본 시가의 배꼽에 해당하는 지점, 로시오 광장에서 내렸는데, 언제부터 서 있었을까? 정차 중인 빨간 색 노면 전차가 우리를 반겨주었다. 눈에 띄게 파란 하늘과 햇볕 밝은 광장에 서 있는 예쁜 전차 앞에서 마냥 즐거운 표정의 나를 넣어 사진을 찍었다. 13세기부터 국가의 공식행사와 주요 축제가 열렸다는 이 광장의 중앙 로터리에는 페드르 4세의 동상이 날아갈듯 높이 서 있고 한 낮 시간이라 그런지 사람들은 그리 많지 않았다.

오늘은 시내를 자유롭게 답사하기로 예정되어 있었다. 나는 대로를 따라 그냥 걸어 가 보기로 했다. 얼마 못 가서 사람들이 많은 복잡한 길이 나왔고 높이 올라간 전망대가 나타났다. 우선 리스본 전체를 볼 수 있는 싼타쥬스타 전망대로 올라가 보기로 했다. 유료였는데도 줄을 서서 기다리고 있는 관광객이 많아서 한참 기다리다 넓고 육중하게 제조된 엘리베이터를 타고 올라갔다. 오래된 엘리베이터 같은데 방이 넓어 수십 명이 한꺼번에 탈 수 있었고 무척 튼튼해 보였다.

리스본 시내 전경

전망대에서 사방으로 돌아가며 구름 한 점 없이 파란 하늘을 배경으로 붉은 기와지붕들과 하얀 벽면의 3~5층 건물들이 짙은 녹음과 어울려 만드는 아름다운 도시, 리스본을 내려다 볼 수 있었다. 멀리 푸른 바다를 배경으로 찬란한 햇볕에 눈부신 리스본, 오래 오래 잊을 수 없을 것 같은 한 폭의 풍경화였다.

  전망대에서 내려와 다시 걷다보니 복잡한 대로가 나왔는데 여기가 리스본 최대의 번화가, 리베르다 데 거리였다. 폭 90m, 길이 1.5km의 대로에는 백화점, 기념품점, 식품점, 레스토랑 등이 밀집되어 있고 오늘의 리스본을 재건한 퐁팔 후작 기념동상이 지키고 있었다. 분수대에도, 벤치에도 다양한 인종의 사람들이 북적이고 있었는데 그 중 대부분이 관광객이라는 느낌이 들었다. 커피나 주스를 사서 마시고 싶었지만 여의치 않아 윈도우 쇼핑만 즐기며 돌아 다녔다.

  6시 30분, 다시 모이기로 약속된 로데오 광장에서 팀원들과 만나 이번에는 에드워드 7세 공원으로 옮겨갔다. 봄이면 갖가지 꽃들이 만발하는 프랑스식 공원이라는데 계절 때문인지 아름다운 공원이라는 느낌은 별로 없었다. 그러나 1755년 대지진이 났을 때 무너진 리스본의 잔재를 모아 세워 놓은 기념비는 상징적인 의미와 특이한 모형이 강한 인상을 주었다.

  공원 풀밭을 산책하며 이베르의 '책 읽는 사람' 보테르의 '어머니 상' 같은 조각 작품을 볼 수 있었다. 보테르의 어머니 상은 리스본

포르투갈 전통 음식을 처음 먹어 본 레스토랑

Fado의 대표적인 인물, 아말리아 로드리게스를 생각하며 만든 작품이라고 했다. 로드리게스는 조국에 대한 사랑과 민중의 애환을 노래하는 리스본 파두의 대표적인 인물로 그녀가 죽었을 때는 포르투갈 전체가 슬픔에 빠졌다고 한다.

　포르투갈의 대표적인 민속음악 파두는 '숙명'이라는 뜻으로 포르투갈 전성기 시대에 많은 식민지를 개척하는 과정에서 필연적으로 바다를 향하여 나가게 되었던 사람들의 향수와 외로움, 그리고 고기

에드워드 7세 공원에서
바라본 리스본에 어둠이 내리고 있다.

잡이 나가 돌아오지 않는 남편을 기다리는 여인들의 슬픔과 좌절, 죽음 등을 이해해야 바로 감상할 수 있는 음악이라는 설명을 들었다.

검은 드레스 위에 검은 숄을 걸치고 온 몸으로 열창하는 로드리게스의 노래를 TV에서 들은 기억이 났다. 드라마에서 배경음악으로도 자주 들어 우리에게도 친숙한 음악이다. 열창하는 로드리게스를 알고는 있었다. 드라마 배경 음악으로 자주 나오는 음악이기도 했다. 이번에 본고장에서 파두 CD를 구해 가지고 가서 들어 보자고 생각했다.

기하학적 무늬의 푸른 화단으로 시작하는 에드워드 7세의 대로에 서서히 어둠이 내리고 있었다. 녹음이 우거진 가로수 아래 넓게 펼쳐진 대로를 바라보며 15~16세기, 세계에서 가장 강력했던 해양제국, 포르투갈이 지금은 거의 빈손으로 유럽의 서남쪽에 웅크리고 있다는 표현을 되짚어 보았다.

(07, 26 화요일)

벨렘지구

봉 지아(Good morning)! 맑고 화창한 아침! 오늘은 포르투갈 전성기의 영광을 자랑하고 있는 벨렘 지구로 향했다. 먼저 1502년 마누엘 1세가 대항해 시대의 선구자 엔리케 왕자와 바스코 다 가마의 항해 시작을 기념하여 세운 제로니모스 수도원으로 갔다. 10차선 대로변에 길이가 300m나 되는 웅장한 수도원의 모습은 과연 압도적이었다.

성당 안으로 들어가니 마누엘 1세와 수호성인 성 제르니모 상이 보였다. 천장은 매우 높았는데 꽃이 피는 것 같은 아름다운 모양으로 특이했다. 지름이 25m나 되는 상아로 만든 굵직한 기둥들도 화려하고 독특했다. 용트림하는 모습의 돌기둥, 파도, 물, 닻 등 해양과 관련 있는 모티브로 꾸며놓은 마누엘 양식은 포르투갈에서만 볼 수 있다고 했다. 성가대실에는 바스코 다 가마와 시인 루이스드 카몽이스의 관이 안치되어 있었다. 하얀 돛을 펼치고 기세 좋게 서 있는 범선도 보였다. 두 개의 우유빛 석관이 유난히 눈에 띄었다. 하나는 '엔리케 항해 왕'의 꿈을 40년만에야 실현시킨 바스코 다 가마(1469-1524)의 관이고 다른 하나는 포르투갈인들의 항해를 영원불멸의 공적으로 승화시킨 작가 루이스드 까몽이스의 관이었다. 정면 제단의 고풍스런 성화들, 화려하고 선명한 스테인드글라스는 감탄 할 만큼 아름다웠다.

1502년 마누엘 1세가 세운 웅장한
제로니모스 수도원

안내원이 성당 바닥 어느 한 지점을 가리키며 신대륙을 발견한 콜럼버스가 이사벨 여왕을 알현하였던 자리라고 말했다. 이사벨 여왕과 콜럼버스의 협정에는 '콜럼버스는 그가 발견한 토지의 부왕(副王)으로 임명될 것이며 산물의 1/10은 그의 자손에게 전승한다.' 라고 되어있었다고 했다.

콜럼버스는 1477년, 이탈리아 제노바에서 태어났지만 세계 최대의 항해술은 포르투갈에서 배웠고 한다. 제도학, 천문학, 라틴어 등에도 능통했던 그는 서쪽으로 항해하면 인도에 도달할 수 있을 거라는 확신을 가지고 이탈리아에서 후원 받기를 원했지만 거절당하고 에스파냐(스페인)의 후원으로 항해를 떠났다. 콜럼버스는 1492년, 마침내 아메리카 대륙에 도착했고, 1차 항해 기간 중에 쓴 항해일지를 페르난도 왕과 이사벨 여왕에게 바쳤다. 그는 이후에도 세 차례에 걸쳐 아메리카 대륙을 탐험했으나, 죽는 날까지 자신이 발견한 땅이 인도인 줄만 알았다.

수도원 밖으로 나와 길게 늘어선 제로니모스 전경을 넣어 사진을 찍다가 급하게 지나가는 사람이 나와 부딪치면서 이번에 새로 사서 가지고 온 디지털 카메라를 땅에 떨어트렸다. 여행할 때 마다 여행기를 쓰고자 하는 내게 카메라 없이 여행을 한다는 것은 난감한 일이어서 깜짝 놀랐다. 카메라의 한쪽 모서리가 깨져나갔지만 다행히 사진 찍는 데는 문제가 없었다. 제로니모스 수도원 사진을 볼 때마다 아찔했던 그 순간이 생각난다.

테주강의 귀부인, 벨렘 탑

  수도원 근처에 아주 유명한 벨렘빵집이 있다고 하여 찾아 가기로 했다. 파스테라리아(빵집이름)의 '파스타스 데 나타'는 본래 제로니모스 수도원의 레시피로 만들었던 것이라 하는데 얼마나 소문이 많이 났는지 안으로 들어가기가 힘들 정도였다. 겨우 들어가 줄을 서서 한참이나 기다리고 있다가 쟁반에 들고 선채로 먹을 수밖에 없었다. 모양은 우리나라 계란빵과 비슷한데 내 입맛에는 너무 달았지만 커피와 함께 먹었더니 살살 녹으며 제 맛을 내는 것 같았다.

벨렘 탑

다음은 테주강 하구에 있는 벨렘 탑으로 갔다. 흰색의 탑 모습이 드레스 자락을 펼친 귀부인 같다고 해서 '테주강의 귀부인'이라고도 불렀다는 탑이었다. 16세기 초에 멀리 인도, 마카오 등을 향하는 범선들이 통관절차를 밟던 곳인데 이별하는 여인들의 눈물이 테주강을 만들었다는 말도 있었다고 하니 얼마나 많은 사람들이 떠났는지 짐작할 만 했다.

버스가 우리를 광장이 넓은 공원에 내려놓았는데 우뚝 서 있는 벨렘 탑까지는 한참 걸어야 했다. 이 탑은 원래 강물 속에 세워졌지만 물의 흐름이 바뀌면서 드러나게 되었다는데 지금도 왼쪽 부분의 아래쪽은 물속에 잠겨있는 모습이었다.

탑이라기보다 성의 일부처럼 보였는데 1층은 18세기부터는 감옥으로 사용되었다고 하니 바닷물이 들어 올 때는 수중 감옥이 되었겠다. 2층 계단으로 올라갔는데 육중한 시멘트 건물 빈 방에 배를 끌어다 매었던 쇠고리와 적군의 침입을 대비한 몇 개의 대포들이 바다를 향해 설치된 모습을 볼 수 있을 뿐이었다. 좁은 계단으로 3층까지 올라가니 시원한 바다 바람과 함께 사방의 전망이 한 눈에 들어왔다. 우리는 두 팔 벌려 상쾌한 바람을 가득안고 푸른 바다와 푸른 하늘만 보이는 방향에서 낮은 산들과 예쁜 집들이 함께 보이는 방향으로 한 바퀴 걸었다.

다음 목적지는 1960년에 엔리케 항해 왕 사후 500년 기념으로

발견의 기념탑이 있는 페리오 광장에서 본 세계지도 속의 한국

바스코 다 가마가 항해를 시작한 곳에 세워진 발견의 기념탑을 보러 갔다. 멀리서도 보일만큼 높게 우뚝 서 있는 범선 모양의 탑이었다.

임페리오 광장에 버스를 세우고 탑이 있는 쪽으로 걸어 가다가 광장바닥에서 모자이크로 만들어 놓은 세계전도를 볼 수 있었다. 이 지도는 포르투갈이 스페인과 해양 진출 경쟁을 벌리던 전성기에 그려 놓은 지도로 포르투갈의 지배하에 놓였던 나라들을 보여주는 타원형 지도였다. 아직도 모자이크 무늬가 선명한 색체로 남아있는 지도에서 우리는 우선 우리나라를 찾아내고 현재 우리가 서있는 위치도 확인했다.

　광장 끝 쪽으로 걸어가서 범선 형태의 기념탑을 바라보니 상부에 밧줄을 꼬아 만든 십자가 모양의 큰 칼이 제일 먼저 눈에 띄었다. 뱃머리 맨 앞에는 멋진 모자를 쓴 엔리케 왕이 그의 손에 범선을 들고 서있고, 그 뒤로 신천지 발견에 공이 큰 모험가, 천문학자, 농민, 군인, 시인, 화가, 선교사 등 1460~1960년 사이의 주요 인물들이 배에 오르는 모습이 조각되어 있었다.

　53m 높이의 이 탑은 엘리베이터를 타고 옥상에 오르면 테주 강을 비롯하여 대서양, 아주다 언덕 등 사방이 잘 보인다고 하며 지하에는 아트 갤러리가 있다고 했는데 우리는 일정 상 광장에서 탑을 바라보는 것만으로 만족하고 돌아서야 했다.

　리스본에서 마지막으로 간 곳은 알파마 지구에 있는 이 나라의 대표적인 성, 성 조르제였다. 걸어서 올라갔는데 2중의 성벽으로 둘러 쌓았던 모습이 여기 저기 남아 있었다. 범위도 넓을 뿐 아니라 성벽이 얼마나 두껍고 견고하게 보이던지 서코트족의 전성기의 위세를 짐작하기에 충분했다. 이 옛 성은 지대가 산처럼 높은 곳이라 리스본의 전체 모습을 바라보기에 좋았다. 오랜 역사를 다 알고 있을 고목나무들 사이로 시원하고 향긋한 바다 바람이 불어오는데 우리나라 백제 고도 부여의 산에 오른 것처럼 마음이 편안해 지는 느낌이었다. 천천히 걷기도 하고 나무 등걸에 앉아 쉬기도 하면서 포르투갈의 짧은 여행을 정리하였다.

광장에 기념동상이 서 있고 긴 의자들이 비어 있어 다가갔더니 혼자 앉아있는 여행자가 있었다. 한가롭게 보이고 혼자 온 것 같아 옆에 앉아 말을 트고 얘기를 나누었다. 프랑스에서 왔다는 그녀는 영어를 자연스럽게 사용했는데 자기도 직업이 교사라 했고 여행을 좋아해 세계 곳곳을 여행하고 있다고 말했다.

  이번 여행은 지리 상 리스본을 출발하여 모로코로 가는 길에 스페인령에 속하는 세비야를 거쳐 가는 여정으로 계획되어 있었다. 옛 이름 히스팔리스, 세비야는 안달루시아 쪽의 수도 격으로 인구 80만의 도시이다.

  리스본에서 버스로 6시간은 가야하는 길이라지만 그 유명한 비제의 《카르멘》, 로시니의 《세빌리야의 이발사》, 모차르트의 《돈 지오반니》, 《피가로》의 무대인 세비야로 간다하니 버스 안은 흥분과 기대로 넘쳤다. 마리아 칼라스의 《카르멘》을 들으면서 창밖을 내다보았다. 국경선은 따로 없지만 산세가 점점 강해지는 느낌을 주었다. 이제 도로 양편에 낮은 산들이 나오고 콜크 나무의 둥근 모습이 끝없는 원으로 이어지고 있다. 산비탈에 까만 돼지를 방목하는 모습도 보이고 아랍인들이 남겨두고 떠난 하얀 집들도 보였다. 바다로 출항하는 모양의 콜럼버스 다리를 건너 세비야로 들어오니 밤 9시가 다 되었다.

(07, 27 수요일)

세비야의 스페인 광장

작년 여름에는 온도계가 52도까지 올라가는 더위였다 하는데 오늘 아침은 기분이 상쾌할 정도의 기온이다. 가는 곳 마다 날씨가 우리를 도와주고 있었다. 유럽에는 이름 난 스페인 광장이 여러 개 있지만 그 중에 단연 첫째로 꼽힌다는 세비야의 '스페인 광장'이 오늘의 첫 번째 목적지였다.

관광객들이 모여들기 전에 가자고 서둔 덕분에 이른 시간에 광장에 들어서니 아침 햇살만 가득하고 사람들은 우리뿐이었다. 광장 양쪽 끝에 높은 첨탑을 거느린 극장식 반원 형태의 건물이 서 있는데 한 눈에 들어오지 않을 만큼 길었다. 200m 길이의 웅장한 이 건물은 현재 정부 청사로 사용되고 있다고 했다.

아줄레주(아라비아 문양으로 그린 타일 그림) 양식으로 유명한 이 건물은 가까이 다가가니 화려하게 채색된 타일로 그려 놓은 벽화들이 우리를 놀라게 했다. 건물 따라 늘어 선 58개의 작은 방만한 공간을 스페인 58개 지역의 지도와 고유 문장 그리고 그 지역을 상징하는 벽화들로 아름답게 꾸며 놓았다. 그 중에도 그라나다 벽화가 우리들에게 가장 감탄사를 많이 받았고 모두 한번 씩 사진 찍을 장소로 뽑혔다.

건물 밖 중앙에는 스페인을 대표하는 주요 인물들의 흉상을 둥그

아줄레주 양식

스페인 광장들 중에 가장 멋있고 웅장한 세비야의 스페인 광장

런 원형 부조물(浮彫物)로 조각해 놓고 그들을 기리고 있었다. 드넓고 깨끗한 광장을 걷다가 스페인 4지구를 4개의 다리로 표현해 놓은 푸른색 타일이 많이 들어 간 아름답고 정교한 다리 위도 걸어 보았다. 이 다리는 1929년에 건축가 아니발 곤잘레스가 설계한 유명한 다리였는데 하나의 거대한 도자기 작품처럼 예술적으로 보였다.

  아직 이른 시간이라 그런지 아름답게 만들어 놓은 광장의 분수대에서는 물줄기가 보이지 않았지만 전체적인 에스파냐 광장의 모습

스페인 58개 지역의 지도, 고유 문장, 벽화로 치장한 벤치 등이 돋보이는 그라다다 벽화

마리아 루시아 공원은 다양한 건축양식들을 한 번에 볼 수 있는 곳이다.

은 스페인이 왜 관광대국이 되었는지 그 이유를 알게 하는 명소 중의 하나였다.

1893년 몬페셜 공작부인이 산텔모 궁전의 반을 시(市)에 기증하여 만들어 놓은 마리아 루시아 공원으로 갔다. 이 공원은 천년이나 되었다는 고목들과 크고 작은 연못들, 분수들이 아름답게 어울려 유서 깊은 공원임을 말해주고 있었다. 상쾌한 아침 시간, 활기 찬 새 떼들이 종려나무와 플라타너스 잎 사이로 날아다니며 우리들의 산

책길을 즐겁게 해주었다.

이 공원이 유명한 것은 스페인을 대표하는 3종류 양식의 건물을 다 볼 수 있는 건물이 있다는 것이었다. 정 중앙에는 고딕 양식, 오른쪽에는 신 고전 양식, 왼쪽에는 신무데하르 양식의 건물이 연결되어 있는 형태였다. 고딕 양식의 석판 조각, 직사각형 문의 조각 무늬, 세비지아에서 발달한 타일 문양, 아랍글자 변형 문양…. 세비지아에서 아프리카로 넘어가는 무어족의 힘을 보여주는 역사적인 건물이라는 생각이 들었다.

19세기에 지어진 무어식 산텔모 궁전을 지나 산타크루즈 거리로 들어섰다가 철 십자가상을 만났다. 녹이 슬 정도로 오래된 모습이었지만 정교하고 독특했다. 여기가 바로 옛날 유대인의 거리였는데 마차 한대가 간신히 지나 갈 정도의 골목으로 하얀 집들이 처마들을 맞대고 빽빽이 들어 서 있었다.

햇볕이 너무 뜨거워서 의도적으로 좁고 구불구불한 길을 만들었다고 했다. 유명한 화가의 집, 소품들이 예쁜 작은 상점들, 천천히 걸으며 보고 싶은 것이 많은 골목길이었다. 그러나 앞 사람 놓치지 않으려고 신경 쓰며 걸어 나와야했으니 아쉬움이 남아 있는 길이 되었다.

세비야 대성당

종종 걸음으로 큰 거리로 나와 세비야 대성당에 이르렀다. 기네스

산타크루즈 거리에서 만난 녹슨 십자가상

좁은 골목과 하얀 집들로 유명한 유대인의 거리

북에도 올라있는 세비아 대성당은 원래의 이슬람 사원 자리에 1401년부터 건축을 시작하여 1511년에 완성되었다하니 100년도 더 걸린 성당 건물인 셈이다. 또한 폭116m, 길이 76m의 이 성당은 세계에서 가장 큰 고딕 양식의 건축물로 로마의 성 베드로 성당, 런던의 세인트 폴 성당에 이어 3번째로 큰 성당이기도 했다.

　세비아인들의 자랑이자 자존심이라는 대성당은 입구부터 그 위엄과 웅장함과 화려함에 입을 다물 수 없었다. 성당 안으로 들어가니 오른 쪽엔 아라곤 등 스페인의 4왕조를 대표하는 4명의 왕들이 콜럼버스의 묘를 받들고 서 있었다. 역시 이곳에서 콜럼버스가 얼마나 추앙받고 있는지 알 수 있었다.

세비야 대성당의 높이 98m의 종루, 히랄다 탑

세비야 성당은 본당 회중석이 5개, 예배당이 25개나 되고 대성당 내부에는 예술품들이 가득 차 있었다. 금빛으로 번쩍이는 성화와 화려하고 아름다운 스테인드글라스, 보석과 왕관들… 어디에 눈 둘 바를 몰랐다. 왕실 예배당에는 세비야의 수호신인 성모상이 안치되어 있었고, 회의실에서는 그 유명한 무릴로의 성화 《성모 수태》를 볼 수 있었다. 그의 대표작 《산 아토니오의 환상》은 성당 안에 있는 산 안토니오 예배당에서 보았다. 깊은 색감의 그 그림은 누구나에게 감동을 주는 명작은 역시 특별한 그 무언가가 있구나 하고 생각할 만큼 특별한 감동을 주었다. 고야와 수르바란의 그림들도 성배 실에 전시되고 있어서 성당 안은 마치 거대한 미술관 같았다.

나오다가 보니 많은 사람들이 한쪽 천장을 바라보고 있었다. 하늘을 향해 둥글게 솟은 천장에 아름다운 색감의 옷을 휘두른 천사들이 평화롭게 날고 있는 모습의 조각품이 눈이 들어왔다. 나는 발걸음을 멈추고 한참이나 바라보며 있었다. 이렇게 시간을 가지고 보고 싶은 것들이 많아 우리의 걸음이 자주 멈추고 따라서 예정보다 시간이 늦어지고 있었다.

히랄다 탑

멀리서도 보였던 이 성당 옆에 있는 히랄다 탑으로 올라가기로 했다. 히랄다 탑은 12세기에 이슬람교도들이 지은 사방 14m의 사각형 탑으로 사방에 각각 창이 있고 그 창에는 직선과 곡선으로 짜 맞

히랄다 탑에서 내려다 본 세비야

춘 아치의 테두리가 눈에 띄었다.

1565년에 시작하여 3년 만에 완성된 이 탑은 모스크가 다시 대성당으로 개축되면서 예배시간을 알리는 종을 달아 종루가 되었다. 종루에 올라가는 길은 왕이 말을 탄 채로 오를 수 있게 설계한 덕분에 오르는 사람들과 내려가는 사람들이 부딪치지 않고도 자유롭게 왕래할 수 있을 만큼 넓은 길이었다.

방향을 32번이나 바꾸어가며 힘겹게 올라갔지만 다 올라가 28개의 종들이 모여 있는 모습을 대하는 순간 워낙 교회의 종을 좋아하는 나는 기뻐서 환호성을 올렸다. 이 종들의 맑고 힘찬 합창을 들을 수 있다면 얼마나 더 좋았을까….

높이 98m의 히랄다 탑 꼭대기에서 한 폭의 그림처럼 아름다운 세비야 시내의 전경을 내다보았다. 시원한 바람에 땀을 식히며 한참이나 앉아있었다. 세비야 시내를 흐르는 과달키비르 강의 산 텔모 다리 근처에 있는 12각형의 황금의 탑과 멀리 투우장의 모습도 거기서 볼 수 있었다.

알카사르 요새를 향해 가는 길에 고고학자 메리메의 작품 소설 《카르멘》에서 카르멘이 다니던 왕립 담배 공장을 지나갔다. 그 작품의 주인공들의 인연이 시작되었던 담배 공장이 지금은 세비지아 대학 건물로 쓰인다고 했다. 정열의 집시 여인 카르멘과 순진하고 고지식한 돈 호세의 그 불길한 만남! 생각해 보니 그 유명한 오페라 《카르멘》의 실제 공연은 볼 기회가 없었다. 소설과 영화로 만났던 기억만으로 상상해볼 뿐이었다.

세비야의 알카사르 요새는 성벽이 유달리 높고 견고해 보였다. 알모하드 왕조가 시작된 후에 요새를 더 넓히고 또 다른 궁전과 정원을 짓고 거대한 돌들로 벽을 쌓았다고 했다. 1248년에는 페트로 1세가 그라나다에서 최고의 예술가들을, 톨레도에서 무데하르 건축(이슬람풍의 그리스도교 건축양식)의 전문가들을 불러다가 대대적인 개축작업을 했다. 이렇게 왕이 바뀔 때 마다 새로운 양식으로 개축을 거듭하다 보니 이슬람 양식, 무데하르 양식, 고딕 양식, 르네상스 양식까지 여러 가지 양식이 뒤섞여 있는 특이한 모습의 궁전이 되었다.

공동생활에 쓰이는 공적인 공간 '처녀의 안뜰'과 군주의 개인 공간 사이의 '인형의 안뜰'에 대한 설명을 들으며 걷다가 궁전으로 들어갔다. 전형적인 알모하드 양식의 문과 화려한 아라베스크 무늬와 말굽 모양의 작은 아치들, 색조 타일 세공 등이 문명의 혼재를 보여주고 있었다.

중국식으로 점심을 간단히 먹고 타리파로 이동하여 고속선 Ferry 호를 타고 아프리카 최 서북 초록의 땅, 모로코로 가고 있었다. 지브롤터 해협을 건너가며 드디어 처음으로 아프리카 대륙에 들어간다 생각하니 색다른 감회가 일었다.

2 모로코

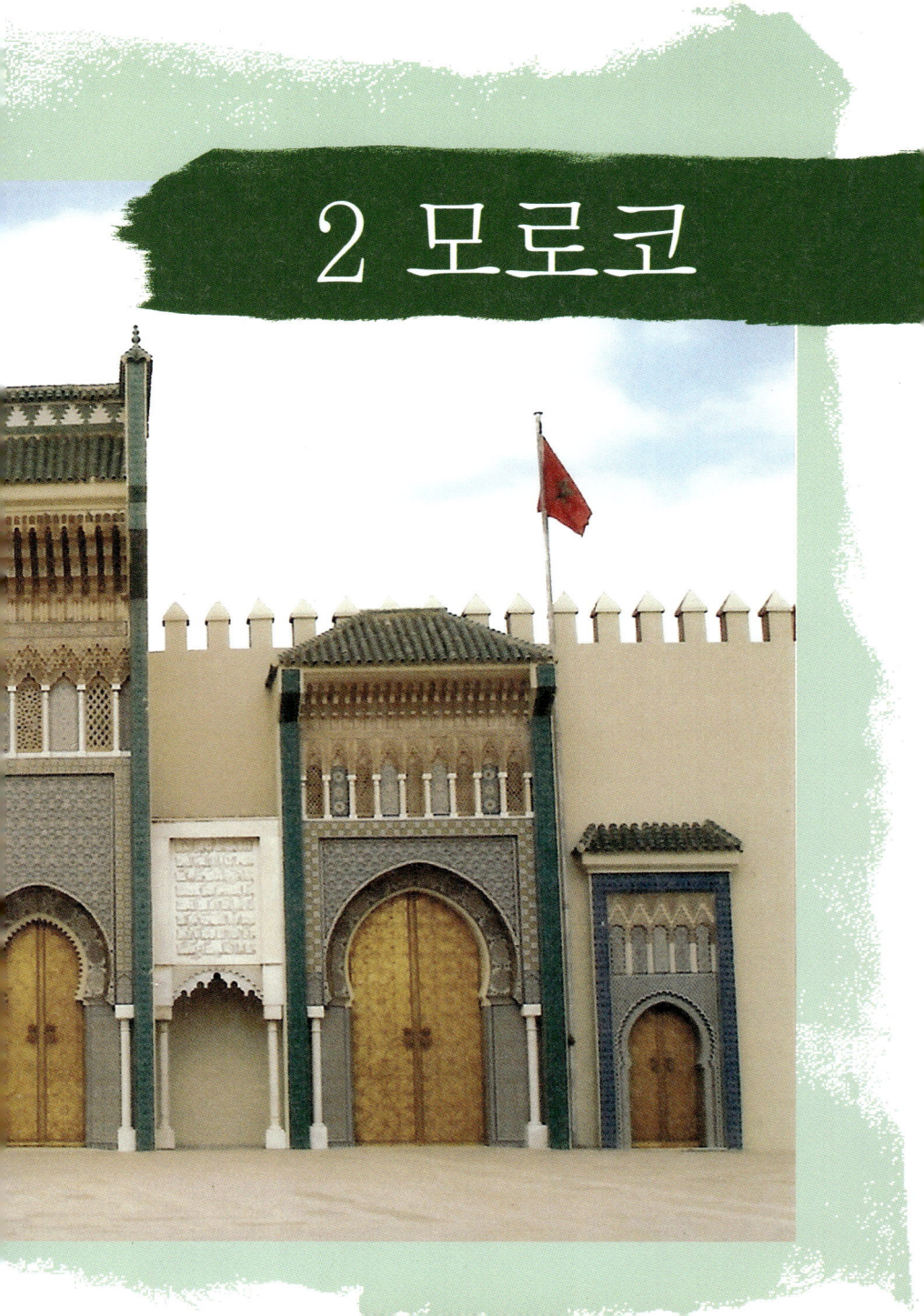

모로코는 서쪽에는 대서양, 남쪽에는 세계 최대의 사하라 사막이 있으며 북쪽으로는 지중해를 안고 지브롤터 해협을 경계로 유럽대륙과 14km 떨어진 곳에 위치하고 있다. 이러한 지형학적 위치로 인하여 중동, 아시아, 유럽 및 아프리카 문화가 교차되는 지역이 되었다. 따라서 현재는 이슬람국가이면서도 중동지역과 다르고 아프리카 대륙에 속하면서도 여타 아프리카 국가와 달리 유럽적 문화의 전통을 지니고 있으며 또한 아프리카 대륙에서 보기 드물게 아시아적인 면도 볼 수 있는 다양한 모습의 국가가 되었다.

요로코의 원주인인 베르베르인의 고대사는 분명치 않다고 한다. 페니키아인과 카르타고 인이 해안에 거점을 만들었고 로마인도 한 때 모리타니 부근의 해안지대를 지배하였다. 아라비아에서 진출해 온 이슬람교의 군대가 요로코를 정복한 685년 이후 베르베르족도 이슬람화 되었다. 11세기에는 알오라비드 왕조가 스페인에서 세네갈에 이르는 광대한 제국을 건설하기도 하였으나 15세기 후반부터 스페인과 포르투갈의 침략을 받게 되었다.

1830년 알제리가 프랑스령이 된 후 모로코는 서유럽 국가의 분할 경쟁의 대상이 되었고, 1912년에 프랑스와 스페인의 보호령으로 분할되었다가 1958년에 와서 프랑스와 스페인의 지배로부터 벗어나 입헌 군주국 모로코의 영토를 회복하였다. 3천만의 인구 중에 아랍인이 60%, 베르베르인이 36%이며, 면적은 한반도의 3.5배, 종교는 회교도가 99%라 했다.

탕헤르

화창한 날씨에 파도도 잔잔해 배 멀미도 하지 않고 45분 동안 즐겁게 항해했다. 푸른 바다를 바라보다가 커피 한 잔 마시고 나니 아프리카 최북단의 항구 도시 탕헤르에 도착하여 내릴 준비를 했다. 오후 4:15, 작열하는 태양 아래 뜨겁게 달구어진 항구에는 아지랑이 피어오르듯 더운 김이 모락모락 햇볕 속으로 사라져가고 있었다. 과연 검은 사람들이 주인이구나 싶게 많은 사람들의 검은 피부가 먼저 눈에 들어왔고 원색의 풍광이 우리를 맞이했다.

가이드가 우리에게 '차바퀴 안에서 튀어나오는 아이들'을 아느냐고 물었다. 도로에는 새까맣고 깡마른 아이들이 바람 같이 뛰어 다니고 있었다. 저런 아이들이 가난한 이 나라를 탈출하는 방법이 하나있는데 그것은 버스나 트럭 같은 차바퀴 사이에 숨어서 목숨을 걸고 탈출하는 것이라고 말했다.

그렇게 포르투갈로 스페인으로 탈출한 아이들이 젊은이가 되고 어른이 되어 삶의 터전을 잡고 돈을 벌면 고향으로 다시 돌아온다고 했다. 과연 금의환향하는 사람들이 타고 온 자동차 행렬이 이삿짐차 같이 짐을 가득 싣고 줄을 지어 달리고 있었다. 한 때 우리나라에도 고향을 떠나 도시로 가서 눈물겹게 돈을 벌어 가지고 명절이면 고향으로 돌아오는 자식들의 이야기가 동네의 특급 뉴스가 된 적이 있었다. 그러나 그것은 아주 먼 옛날에 있었던 남의 얘기 같고 새삼스럽게 이 사람들이 불쌍한 마음이 들었다.

우리들을 기다리고 있던 버스에 올라가니 모로코 현지 가이드, 마리꿈살라가 처음 만나는 인사를 하고 모로코 관광 안내 지도를 한 장씩 나누어주면서 1999년에 즉위한 현재의 왕, 모하멧 6세가 관광 사업에 아주 적극적이라고 말했다.

　안내 받은 인터컨티넨탈 호텔은 무겁고 꿉꿉한 느낌을 주었지만 전통적인 인테리어가 좋은 인상을 주었다. 가방을 정리하고 밖으로 나오니 늦은 오후였다. 호텔 주변은 시내와 먼 듯 조용하고 사람들이 거의 없어 탕헤르 시내 쪽으로 걷기 시작했다. 점점 지나가는 차들이 많아지고 높은 시멘트 건물들이 나오면서 검은 베일을 쓴 여인들이 여기 저기 보였다.

　시내버스 정거장인지 긴 벤치에 여인들과 아이들이 모여 앉아 있기에 다가가 보았다. 눈이 커다랗고 귀여운 아기가 있어 예쁘다고 얼러주었더니 애기 엄마 눈빛이 밝아졌다. 사진을 찍어도 되겠느냐는 말에는 NO라고 고개를 저었다. 여인들이 짙은 색상의 전통 의상으로 전신을 가리고 눈만 내놓고 있지만 우리를 보는 그들의 호기심 어린 눈빛은 감추지 못했다.

　정거장 뒤편에 허름한 카페가 있었는데 차를 마시며 이야기를 나누는 사람들이 보였다. 우리도 들어 가 차를 마시려고 다가갔다. 그러나 모두 남자들 뿐 이고 좁은 공간에 빈자리도 없어서 들어가기를 포기하고 우리는 좀 더 시내 쪽으로 걸어가기로 했다. 가다 보니 제법 넓은 원형 공터가 있는 로터리가 나오기에 길을 건너 들어갔다.

탕헤르 시내의 로타리에서 만난 사람들

차도에는 오가는 차들이 시끄럽고 공기도 혼탁했지만 그곳은 공원처럼 벤치도 있는 쉼터였다.

멋진 제복을 입은 경찰도 있고, 여러 가지 물건을 놓고 파는 노점상도 있었다. 마실 것을 팔고 있는 장사들도 있고, 데이트하는 젊은이들도 있었다. 해가 지는 시간, 삼삼오오 여자들이 벤치에 앉아 재미있게 얘기하고 있는 모습이 정답게 보였다. 뜨거운 낮 시간이 지나고 해가 진 뒤에 가족이나 부족끼리 모여 앉아 차를 마시며 밤늦은 시간까지 즐겁게 이야기하는 것이 이들의 문화라고 하니 인도에서 출발한 '천일야화'가 아랍세계에 와서 더욱 더 풍부해진 이유를 이해할 것 같았다.

(07, 28 목요일)

페스

싸바할 카이르(Good morning)! 탕헤르의 아침, 하늘은 높고 화창했다. 이렇게 좋은 날씨에 탕헤르를 보고 가면 내 기억 속의 탕헤르는 항상 햇빛이 찬란한 도시로 기억될 것이다. 탕헤르는 7세기 말에는 아랍의 지배를 받았고 15세기부터는 포르투갈, 스페인, 영국 등으로 지배자가 바뀌었다. 19세기에는 영세중립의 국제도시가 되였다가 1965년이 모로코에 반환되었던 역사가 말해주듯 오랫동안 강대국들의 표적이었다.

아침 식사는 호텔식이었는데 메뉴가 다양했고 특히 야채가 신선했다. 전통적인 음식도 많아 이것저것 맛을 보며 즐겁게 식사했다. 식사 후 호텔에 속한 건물 중에 전통적인 카펫으로 실내를 장식한 방들과 아랍식 정원, 부대시설들을 볼 수 있었다. 모로코 전통의상, 뷔루누스를 입고 정중하고 친절하게 안내하는 직원들은 중간 피부의 아랍인들이었다. 슈크란!

오늘은 1천 2백년의 역사를 훌쩍 넘어온 천년의 고도, 이슬람 도시 페스로 간다. 페스는 787년, 모로코 최초의 왕조 이드리스 1세가 페스강 동쪽에 세운 고대 도시였으며, 809년에 모로코의 수도가 되었다. 그 후 왕조가 변천해도 페스는 계속 발전하고 번창하여 모로코의 종교, 문화, 예술을 선도해온 도시였다. 지중해 연안의 알제리

페스 가는 길가 밭에서 본 하얀 소금이 쌓인 염전들

로 가는 대상로 일 뿐 아니라 독자적인 상공업도 발달했던 도시라고 했다.

  도로가에 해바라기 밭이 계속 나오더니 하얀 모래소금 채취장도 보였다. 모래사막에도 소금기 있는 물이 고이면 염전이 된다는 것이다. 계속 가다가 길 가에 상점들이 늘어 서 있는 곳을 발견하고 버스를 세웠다. 잠시 과일을 사서 먹으며 쉬기로 했다. 멜론을 파는 어른, 무화과 열매, 선인장 열매를 파는 아이들이 있었는데 따라 다니며 조르지 않고 그냥 서 있었다.

  전통적인 음식을 요리하는 원뿔형 요리기구들을 전시장처럼 진열해 놓은 대형 상점들이 줄지어 있었다. 이 지역에서 나오는 흙으로 만든 그릇들이라는데 색상이 짙고 투박스럽게 보였다. 대부분 크기가 너무 커서 구경만하고 기념품은 작은 재털이 하나를 3$주고 샀다. 상인들은 너무 점잖아서 그런지 아니면 물건을 꼭 팔아야겠다는 생각이 없는지 상품들과 무관한 듯 서 있는 모습이 특이했다. 다시 버스를 타고 가다 보니 여기저기 올리브 밭이 많고 공동묘지도 자주 보였는데 이곳의 묘지들은 모두 이슬람 성지 메카를 향하고 있다고 했다.

  5시간이나 달려 올드 페스에 도착했는데 작열하는 태양이 기승을 부리는 한낮이었다. 넓이 80ha의 올드 페스에는 골목이 700개, 사원이 300개나 있다 했다. 우리는 우선 점심을 먹기로 하고 옛 모습을 그대로 보존하고 있는 캐러밴으로 들어가 모로코의 오래된 전통음식 '쿠스쿠스'를 주문했다. 양고기에 후추와 월계수 잎, 그리고 약간의 향신료를 넣고 초벌로 쪄낸 뒤 밀, 홍당무, 콩 등을 곁들여 다시 익혀낸 음식이었다. 그대로 잘 먹는 사람도 있었지만 나는 고추장을 소스로 해서야 먹을 수 있었다. 올드 페스를 대표하는 식당의 카펫과 소파 등을 구경하고 전통 복장의 서비스맨들과 기념사진을 찍고 페스 메디나로 갔다.

  도시라는 뜻의 메디나는 모로코가 프랑스 식민지가 되기 전까지

올드 페스 메디나 입구에
멋있는 문양으로 꾸민 높은 문이 있다.

는 도시적인 삶의 중심지를 의미했다. 현재 약 1백만 명이 살고 있는 페스 메디나는 유네스코에 의해 세계문화유산으로 지정된 중세 도시로 중세의 독특한 도시 구조와 건축물들을 거의 변형 없이 완벽하게 보존하고 있다고 한다.

시장 입구에 특이하게 모자이크로 장식한 문이 높다랗게 서 있었다. 의외로 사람들이 많지 않았다. 오늘은 마침 시장이 쉬는 날이라 그렇다고 했는데 보통 때는 움직이기 힘들 정도로 복잡하다고 했다. 그래도 모든 길들이 좁은 미로로 길을 잃으면 찾을 수 없다고 안내자가 겁을 주었다. 수크 아탈린 향신료 시장을 지나서 곧 무너질 것 같은 집들이 서 있는 좁은 골목, 골목으로 따라 갔더니 14세기에 부이나니아에 의해 세워진 메린 왕조의 신학교가 나왔다. 거대한 나무 문 안뜰에는 마노와 대리석이 깔려있고 벽은 타일 모자이크와 회반죽으로 섬세하게 조각해 놓은 모습이 남아 있었다.

얼마 걷지 않아서 10세기 무렵에 문을 연 '알 카라윈' 대학이 있었다. 아랍문예의 중심이었던 대학답게 남색과 초록색의 정교한 이슬람 문양의 건물이 위엄 있게 보였다. 이 대학도 입구에 서있는 석판에 본래는 카라윈 모스크로부터 출발한 교육 기관임을 기록해 놓고 있었다. 세계 최초의 대학 중에 하나로 중세 기간 동안 이슬람 세계의 학문을 유럽 세계에 전파하는데 큰 공헌을 했던 대학이었지만 지금은 다시 모스크로 쓰고 있다는데 내부관람은 금지되어 밖에서만 볼 수 있었다.

역사 깊은 카라윈 모스크

    야릇하고 역겨운 냄새가 나는 경사지고 좁은 골목길을 따라 걷다가 2층 계단으로 올라갔는데 가죽 제품을 만들고 팔기도 하는 점포들이 밀집해있었다. 가장 끝 집까지 걸어가 밖을 내다보니 저 아래로 무두질한 가죽을 염색하는 작업장이 내려다 보였다. 작열하는 햇볕 아래 갖가지 색깔의 염료가 들어있는 염색용 통들이 수십 개 늘어서 있고, 햇볕에 까맣게 탄 윗몸을 벗은 기술자들이 세멘 통 안에 엎드려 소, 양의 가죽을 염료에 적시고 뒤적이고 있는 모습이 보였

페스의 가죽 염색 작업장은 1000년 전 방법을 그대로 전수하고 있다

다.

　다른 쪽에는 가죽을 물로 씻고 있는 이, 그 옆에서는 가죽을 널어 말리는 작업을 하는 이도 보였다. 바람이 우리들 있는 편으로 불면 비릿한 냄새가 심하게 몰려왔다. 이 가게 안에서 가죽 제품을 깁고 있는 아저씨는 평생 이 냄새를 피할 수 없었구나 싶었다. 가게 안에 구두, 슬리퍼, 재킷, 가방 등, 가죽 제품들이 수북이 쌓여있는데 모두들 보기 만 하고 선뜻 사는 사람이 없었다. 아무리 보아도 제품 수준이 사고 싶은 수준에는 미달이었다. 그러나 구경 만 하고 나오려니 몹시 미안했다.

　다시 골목길을 걸어 나가며 보니 좁은 길 자체가 시장이고, 구멍가게들이지만 가게마다 색깔 고운 원색의 상품들이 수북이 쌓여 있었다. 그 좁은 길에 서있는 노인들, 뛰노는 아이들을 보며 우리가 찾아 간 곳은 도자기 공장이었다. 페스에서만 나온다는 보얀 흙더미들이 쌓여 있는 곳에서 시작하여 도자기가 만들어지는 공정을 차례로 견학 할 수 있도록 안내해 주고 있었다. 직접 손으로 흙을 빚어 도기를 만들고, 정교하게 그림을 그려 넣는 모습이 우리나라 도예과정과 같았다. 단정한 얼굴의 젊은이들이 바른 자세로 도안을 그려 넣는 작업에 몰두하고 있는 진지한 모습이 아름답게 보였다.

　전시관에는 대형의 비싼 상품들을 정찰제로 판매하고 있었는데 우리는 역시 작고 값이 너무 비싸지 않은 선물을 골라내었다. 엄지 손가락만한 신발을 장식용 도자기로 예쁘게 만들어 팔고 있었는데 흥정을 잘해서 6켤레에 10$ 씩 주고 살 수 있었다.

가이드는 다음 목적지가 중요하다고 말하면서 우리를 좁고 허름한 골목길로 안내했다. 우리가 들어 간 길에 바로 붙은 집은 겉과 다르게 화려하게 번쩍이는 금속 공예품들이 가득 차 있는 상점이었다. 한쪽에서는 뚝딱 뚝딱 두드리며 작업 중인 공방이기도 했다. 놀랄 만큼 정교하고 아름다운 상품들이 수 백점 전시되어 있었는데 그 가격들이 만만치 않았다. 옛날에는 이 골목의 집들이 모두 같은 종류의 공방이었지만 지금은 다 없어지고 이 집만 유일하게 전통적인 방법으로 작품을 만든다고 했다. 습관처럼 기념품 종을 찾아보니 은세공 종이 보였다. 크기도 적당하고 모양도 아름답고 종소리도 맑은데 몇 백$를 달라는 바람에 아쉽게 포기했다. 혼수품으로 가죽 제품의 가구를 사는 팀원도 있었다.

꼬불꼬불 이어지는 골목길을 따라 다시 걸어 나왔다. 페스 메디나 지역을 공중에서 내려다보면 가운데 중정을 가진 ㅁ자형의 집들이 마치 벌집처럼 붙어있고 모두가 고만고만한 풍경을 이루고 있으며 대로도 없고 중앙공원 같은 것도 없다고 했다. 요즘 만드는 신도시들은 우선 도로 체계가 계급적이어서 대로로 불리는 간선도로나 중로 소로 골목길이 있고, 도심과 변두리로 구분 한다.

그러한 도시들과 견주어 건축가 승효상씨는 이 페스를 높음도 낮음도 없는 모두가 평등한 '벌집' 도시라고 설명하며 모든 이들이 중심이 되는 다원적 민주주의 도시라고 불렀다. 이 말은 우리가 민주

페스 가는 길에 들린 전통 도자기 상점들과 도공

적 사회에 살기를 원하고 다원적 가치를 신봉한다면 마땅히 우리의 도시도 그렇게 건설해야 할 텐데 오히려 봉건적, 중앙 집중적 도시들을 건설하고 있다는 생각을 하게했다.

 버스를 타고 신시가지를 지나 숙소로 돌아오는 길, 여기가 아프리카라고 생각하며 눈여겨 내다보았지만 지나가는 사람들의 표정이나 의상이 다른 대륙과 구분할 만한 경계가 별로 없는 도시임을 알았다. 침략과 해방의 역사 속에서 섞이고 자연스럽게 조화를 이루며 다시 새로워지는 문화의 흐름을 읽을 수 있었다. 아프리카를 여유 있게 여행하는 기회가 온다면 다시 한 번 이곳에 와서 사람들을 만나고 풍습들도 직접 체험해 보고 싶었다. 인샬라!

(07, 29 금요일)

라바트

 오늘은 날씨도 나의 컨디션도 최상이었다. 8시에 모로코 왕국의 수도 라바트를 향해 출발했다. 확 트인 시야에 일자로 늘어선 상수리나무들이 푸른 바람을 일으키고, 올리브 밭들이 먼 언덕까지 올라가고 있었다. 낮은 산들이 지나가고 가을걷이가 끝난 구릉진 평야가 끝없이 펼쳐졌다. 건초 더미들이 나타나고 말들도 보이더니 하얀 색 낮은 집들이 연속적으로 이어졌다. 시골 길을 달려가니 내 고향 시골이 생각났다. 생각 속에서 중학생, 고등학생, 대학생이 되고 어른이 되었다. 학교만 다니다가 졸업하고 다시 학교로 들어와 교사로 35년, 학교 밖에 모르는 삶이었지만 10년 전부터 방학만 되면 이렇게 지구촌을 누비고 다니며 즐겁고 새로운 충전을 할 수 있으니 생각의 끝은 항상 감사의 고백일 뿐이다.

 9시 44분에 라바트에 도착했다. 신시가이지만 고층 건물은 보이지 않고 유럽풍과 아랍풍의 낮은 건물들이 조화롭게 어우러진 전원도시였다. 눈부신 햇빛 사이로 녹음이 우거진 도로에 색색의 만국기들이 바람에 휘날리고 있었다. 붉은 색 바탕에 초록별이 떠 있는 것이 이 나라의 국기라 했고, 오늘 7월 30일이 현재 왕의 즉위 기념일이라 했다. 그래서 보통 때 보다 더욱 화려한 국기 퍼레이드가 펼쳐지고 있었는데 마치 우리를 환영해 주는 것 같아 기분이 좋았다.

현 국왕의 조부인 모하메드 5세의 능을 보러 갔다. 프랑스의 식민 통치에 항거하여 독립운동의 선두에서 싸운 술탄 벤 유세프는 1956년 3월 독립을 성취하자, 왕위에 올라 모하메드 5세가 되었다. 초록색 지붕의 큰 건물 안으로 들어갔다. 내려다보이는 텅 빈 공간에 단순한 직사각형 흰빛 대리석 관이 하나 보였다. 아무 장식이 없는 것 같던 실내를 자세히 살펴보고 놀랐다. 전형적인 편자 모양의 출입문도, 황금빛이 많은 벽면들과 가운데 둥근 천정도 아름답고 정교한 문양으로 빈틈없이 꾸며져 있었다. 그 색상이 은은하고 무늬가 잔잔하여 눈에 쉽게 보이지 않았던 것이다.

바다가 보이는 쪽으로 붉은 색 직사각형 탑이 하나 서 있었다. 스페인 무어 양식의 이 건축물은 12세기 말경 알모하드 왕조의 야콥 알만수르가 시도했던 모스크의 첨탑이라고 했다. 공사를 시작하고 얼마 후 그가 죽음으로 중단된 채 남아있는 모스크였다. 탑의 남쪽에는 300개 이상의 하얀 돌기둥들이 줄을 서 있었다. 모두 그 당시에 로마에서 가져 온 돌들이라고 했다. 경내를 돌아보니 완성되었다면 아프리카 최대의 모스크가 되었을 것 같았다. 이 미완성의 모스크를 백마를 탄 흰 군복의 경비병 둘이 지키고 있었다.

광장에서 버스를 타고 밖을 내다보니 페스 메디나 입구에서 보았던 모습의 물장수 아저씨가 또 보였다. 복장이 매우 특이해서 사진을 찍고 싶었다. 붉은 색 옷을 길게 차려입고 여러 가지 원색의 천을 꼬아 만든 화려한 고깔모자를 쓰고 털로 덮힌 배낭을 등에 매고

라바트의 물장수 아저씨

있었다. 손에는 금빛으로 번쩍이는 종 같은 것을 두 개 들고 있었다. 처음 보았을 때, 무엇을 파는 사람인지 아는 팀원이 없었다. 듣고 보니 손에 든 것은 물잔이고 털 가방 속에 물통이 들어 있다는 것이다. 이 더위 속에 물을 파는 건 이해가 되지만, 그 복장은 의아했다. 사진을 찍으려고 여러 번 시도했다. 물을 사먹는 사람이 아무도 없어서 화가 났나? 사진을 찍으려 하자 몸을 재빨리 돌려 버렸다.

부래그래그 강어귀에 있는 우다이아 성채를 보러갔다. 당당한 자세로 버티고 서있는 우다이아 정문의 정교한 조각들과, 적갈색 중후한 성벽이 오랜 역사를 느끼게 하였다. 성곽을 올라가면 대서양의 아름다운 경치가 한 눈에 보인다고 하였지만 우리는 큰 배들이 떠 있는 부래그래그 강가를 걷기로 했다.

천천히 걸으며 더위를 식히고 난 후, 흙먼지 날리는 옛 시가지로 갔다. 깨끗하진 않았지만 둥글게 올라가는 옛날 다리와 수백 년 전 주택가가 그대로 보전되어 있어 옛날의 어느 거리에 와 있는 기분이 들었다.

다음엔 국왕이 거주하는 왕궁으로 갔는데 넓고 조용한 잔디밭 정원을 한참 걸어 가야했다. 사막에 이렇게 아름다운 정원을 만들 수 있는 정원사는 아랍의 정원사 뿐이라고 했지만, 왕궁의 정원이 그 찬사를 인정할 만큼 아름답지는 않다는 생각을 했다.

그러나 멀리 보이는 왕궁은 파란 하늘을 배경으로 한 폭의 그림같

하얀 벽에 녹색 지붕으로 우아하고 깨끗하게 보이는 모로코 왕궁

이 아름다웠다. 흰 벽에 녹색 지붕의 나지막한 왕궁은 호화롭지는 않았지만 우아하고 정결하게 보였다. 아랍문양으로 섬세하고 정교한 황금빛 문양으로 장식한 정문 앞에 군인들과 근위대가 지키고 서서 내부 관람은 금지라고 하였다. 우리는 왕궁 앞에서 기념사진 찍는 것으로 만족하고 돌아 서야했다.

점심을 먹기 위해 찾아 간 레스토랑은 전통적인 도자기들로 실내를 환하게 장식한 고급 식당이었다. 전통의상에 머리에 터번을 두른

머리에 터번을 두르고 전통음악을 들려주는 악사들

악사들이 기다리고 있었다는 듯이 민속 음악을 연주해 주었다. 식사는 현지 특식 '깨프타'로 주문했는데 야채샐러드와 쇠고기와 달걀로 만든 음식이었다. 와인도 곁들여 마시며 즐거운 시간을 보냈다.

  식당에서 나오는 길, 담 너머로 가지를 뻗은 꽃나무에 다섯 개 꽃잎들이 무성했다. 향기 좋은 플루메리아(하와이 자스민) 꽃이 하얗게 피어 향기를 내뿜고 있었다. 큰 길에 나올 때가지 자스민 꽃들의 독특하고 매혹적인 향기가 따라왔다. 내가 너무 좋아하니 누군가 그

꽃을 몇 송이를 따가지고 오다가 내 머리에 꽂아 주었다. 달콤한 자스민 향기에 취해서 순간 더 바랄게 없는 것 같았다.

카사블랑카

이제는 라바트에서 90km 떨어진 모로코 최대의 상업도시 카사블랑카로 가고 있다. 포르투갈 사람들이 바닷가에 하얗게 부서지는 파도의 모습을 보고 '카사비앙코'라고 한 말이 다시 스페인 사람들이 이곳을 지배하면서 '하얀 집'이라는 의미의 '카사블랑카'로 부르다가 오늘날은 이 도시의 지명이 되었다 한다.

1943년 1월 미국의 루스벨트 대통령과 영국의 처칠 수상이 만나 독일, 이탈리아, 일본을 비롯한 추축국이 무조건 항복할 때까지 싸울 것을 약속했던 카사블랑카회담의 그 도시이기도 했다. 시내로 들어 와서 우리는 핫산 모스크로 먼저 갔다. 핫산 2세 국왕이 약 6000평의 대지 위에 7년 걸쳐 세웠다는 핫산 모스크는 카사블랑카 시내 어디서라도 바라 볼 수 있을 만큼 크고 높다고 했다. 그들의 성지, 핫산 모스크는 사우디아라비아의 메카와 메디나에 있는 모스크에 이어 세계에서 3번째 큰 모스크였다. 광장에 들어서니 까마득히 멀리에 하얗게 우뚝 선 모스크가 보였다. 내려 쏘는 따가운 햇살을 헤치며 걸어가는데 한참 걸렸다.

입구에는 수많은 순례객과 관광객들이 줄을 서 기다리고 있었다. 기다리는 곳에는 이슬람권 문화의 대표적인 차, 박하차를 만들어 마

세계 3대 모스크 중의 하나, 높이 200m의
핫산 모스크

시는 방법을 보여주는 전시실이 있었다. 모로코는 덥고 건조한 사막 지대로, 신선한 야채나 과일을 얻기 어렵기 때문에 많은 양의 차를 마시는데 설탕과 박하 잎을 넣어 상쾌한 맛을 내는 박하 차를 주로 마신다고 했다. 가는 나라마다 그 나라의 차 얘기를 여러 번 듣다보니 음식 문화와 함께 차 문화를 정리해 볼 기회도 만들어야겠다는 생각을 갖게 했다.

핫산 모스크의 실내는 역시 넓고 넓었다. 길이가 165m, 넓이 1만 평방미터의 실내가 텅 비어 있으니 얼마나 넓어 보이든지, 동시에 10만 명이 예배를 볼 수 있는 공간이었다. 모로코의 전통 조각과 석고, 목재로 중후하면서 정교하게 장식되어 있는 이 모스크는 3,300명의 모로코 장인, 기술자들이 함께 만든 걸작이었다. 단순하면서 아름다운 상들리에, 아랍문양 특유의 차분한 벽면, 맑은 베이지 색상의 대리석 기둥들이 안으로 들어오는 모든 사람을 포용하는 느낌이 들었다. 아무리 둘러봐도 성자나 성신이나 성모의 모습은 찾을 수 없었다. 남녀의 자리가 구분되어 있을 뿐 제대도 성가대석도 보이지 않았다. 이제는 모스크에 들어오면 높고 낮음이 없는 인간의 평등성에 관해 한 번 더 생각하게 되었다.

지하로 내려가니 어마어마하게 크고 깨끗한 대형 목욕실, 하맘이 있었다. 손발을 깨끗이 씻고 기도하는 종교적인 예식을 행하러 오는 신도들도 있겠지만 이 더운 지방에서는 손발을 씻기 위해 모스크를 찾아오는 사람들도 있을 것 같았다. 밖으로 나와 높이 200m 까지 올라간 모스크 전체를 카메라 렌즈에 담으려하니 바닥에 누워야 가능했다. 밝은 태양 아래 초록색 지붕의 거대한 모스크가 선명하게 빛나고 있었다. 이곳에서 초록색은 풍요를 뜻한다고 하는데 특히 풍요한 건물의 지붕은 모두 초록색을 사용하고 있었다.

다음에 간 모하메드 5세 광장은 프랑스 식민지 시절에 지어진 건물들이 아름답게 조화를 이루고 있었다. 분수대를 보며 쉬다가 옛날의 모습 그대로라는 재래시장으로 갔다. 서울의 남대문 시장같이 복잡했는데 좁은 골목에 갖가지 생활용품을 파는 점포들이 밀집되어 있고 큰 소리로 손님을 부르고 있었다. 전통 의상들, 신발, 가방 등, 먹을 것들, 기념품들, 구경꺼리도 많고, 값싼 물건들도 많고, 사람들도 많아 활기 넘치는 시장이었다. 우리는 너무 더워 찬 음료수를 사서 마시며 5£의 가방, 6£의 원피스… 등 이런 식으로 경제적인 쇼핑을 하며 돌아 다녔다.

저녁식사 후, 드디어 카사블랑카에 들어오면서부터 기대했던 곳으로 가기위해 모두 밖으로 나갔다. 거리가 어두워지고 여기저기 불빛이 환해지기 시작했다. 흑백 고전 영화 〈카사블랑카〉를 얘기하며 그 영화 속에 나오는 릭 카페 아메리칸을 재현해 놓은 곳으로 찾아가는 것이다. 할리우드가 이국적 식민지 땅의 이미지로 선택했던 도시 카사블랑카는 이미 거대도시로 변해있었지만 여전히 우리는 영화 속의 험프리 보가트를 만나고 싶었다.

고급스럽게 보이는 하얏트 레젼시 호텔 입구에는 오늘이 축제일이라 그런지 파티 복을 입은 숙녀들과 말끔한 슈트의 신사들이 짝을 지어 들어가는 모습들이 보였다. 1층 로비로 들어갔더니 실내의 조명은 어두웠지만 냉방 시설이 잘 되어 있고 커다란 피아노가 눈에 들어 왔다. 통로 옆에 있는 작은 룸으로 안내받아 푹신한 의자에 몸을 기대고 벽을 장식하는 사진으로 남아있는 잉그리드 버그만과 험프리 보가드를 넣어 한 사람 씩 기념사진을 찍었다.

  카사블랑카에 와 있다는 사실 만으로도 꿈을 꾸는 것 같았다. 맥주 대신 Sunset 주스를 주문하여 한 잔씩 앞에 놓고 영화 얘기에 시간 가는 줄 모르고 즐거웠다. 그러나 영화 〈카사블랑카〉와 모로코의 이 도시 '카사블랑카'는 사실상 전혀 관련이 없다고 알고 있다. 이 영화는 전 장면이 할리우드의 세트장에서 촬영되었기 때문에 그 배우들은 실제 '카사블랑카'에는 발도 들여놓지 않았기 때문이다.

  밤 10시, 밖으로 나와 택시를 타려하니 빈 택시를 기다리는 사람들이 서 있는 줄이 100m를 넘었다. 늦은 시간이지만 걸어가기로 하고 걷다 보니 거리에는 수많은 사람들이 무엇에 그리 신이 나는지 큰 소리로 떠들며 몰려다니고 있었다. 카사블랑카는 밤을 즐기는 사람들이 많은 도시였다.

(07, 30 토요일)

타진

아침 6시, 카사블랑카를 출발하여 다시 탕헤르로 가고 있다. 카사블랑카도 맑고 푸른 하늘로 우리의 기억 속에 남을 것이다. 버스를 타고 5시간이나 걸렸지만 비디오로 영화〈파리의 사랑〉를 보고, 유머 넘치는 어떤 선생님의 Her story도 재미있게 들으며 지루한 줄 모르고 탕헤르에 도착했다.

점심을 먹으러 들어 간 레스토랑에는 전통 의상을 입은 악사들이 경쾌한 음악을 연주하고 있었다. 점심 메뉴는 모로코에서 유명한 '타진'이라는 요리였는데 양고기로 만든 일종의 찜이었다. 특이한 냄새도 나지 않고 맛이 좋았다. 이 레스토랑은 실내를 모두 도자기로 고급스럽게 장식해 놓고 특히 화장실을 깨끗하고 예쁘게 꾸며 놓아서 칭찬을 해주고 싶었다. 나중에 알고 보니 주인은 이 지역 여행사를 운영하는 사람이고 그의 아내는 영국인이라고 했다.

오늘은 스페인으로 돌아가는 타리파행 Ferry호를 타기위해 다시 탕헤르 항구로 갔다. 우리는 배 시간에 맞추어 서 있었지만 오랜 시간 기다려야 했다. 그러나 뜨거운 햇볕이 내려쬐는 탕헤르 바닷가에는 각 나라 각색의 여행객들이 붐비고 옛날 물건을 파는 시장이 있어 구경꺼리가 많고 재미있었다. 노점들이 늘어선 항구시장에서 값싸고 재미있는 물건들을 쇼핑하느라고 즐거워하는 사람들의 모습이

햇볕 이글거리는 탕헤르 항구

나에겐 또 하나의 구경꺼리였다.
 지브롤터 해협을 다시 건너 온 후, 버스로 바꿔 타고 해안선을 따라 달리기 시작했다. 오후 7시, 지중해의 아름다운 해변 에스테포나에 이르렀다. 햇빛 반짝이는 푸른 바다를 배경으로 하얀 집들, 수많은 차들의 행렬, 울긋불긋한 텐트들, 커다란 바위들… 등 휴양지 경관이 아름다웠다. 'Wake up to the Dream!'이라고 써 붙인 별장 안내판이 눈에 들어 왔다. 이곳은 지중해 해변에서도 집값이 가장 비싸다고 했다. 북유럽 부호들의 별장이 많기로 유명한 나우베자에는 레바논의 거부 레이몬드 나카치안씨와 결혼하여 우리나라에서도 유명했던 파페라의 여왕 키메라(Kim+opera)의 별장도 있다고 했다.

스페인의 말라가에 가까이 와서 코스타 미벨라의 입구 후엔휘롤라 해변 길에 차를 세우고 내렸다. 우리도 지중해로 피서 온 사람들과 함께 맑은 하늘빛 바다를 바라보며, 하얗게 부서지는 찬란한 햇빛 속으로 걸어 다니며 상쾌한 바람을 느껴 보았다. 유럽의 부자들은 퇴직하면 6개월은 본국에서 6개월은 이런 휴양지에서 산다는 것이다.

저녁 늦게 우리는 파블로 피카소의 고향 말라가에 도착했다.

(07, 31 일요일)

3 스페인

스페인이라는 나라가 내 머리 속에 처음 들어 온 것은 헤밍웨이 작품 《For Whom The Bell Tolls》를 읽었을 때였다고 기억한다. 헤밍웨이가 직접 참전하였던 스페인 내전과 함께 그 나라의 역사가 궁금했었다. 한반도의 약 2.3배 면적의 스페인은 크게 5개의 지방으로 나뉘는데 지역별로 기후, 자연, 문화적 특성이 두드러지고 다향하다. 습지가 많은 녹지대인 북부지방, 끝없는 평원의 내륙지방, 기름지고 비옥한 땅과 일조량이 많은 지중해 연안지방, 덥고 건조하며 햇살이 찬란한 남부지방으로 나뉘고 전국 토지 중 경작지는 11%, 초원이 18%, 산림지대가 56%이다.

역사적으로 이베리아 반도는 기원전 3000년에는 북아프리카 부족들이 해협을 건너와 반도에 정착했고, 기원전 1000년경에는 켈트족이 스페인 북부에 자리를 잡았으며 비슷한 시기에 페니키아와 그리스 상인들도 지중해 연안에 뿌리를 내렸다. 기원전 2세기에 로마의 침공으로 스페인 전역이 하나의 권력 아래 통합되는 계기가 되었고 서서히 로마법과 언어, 관습 등이 전해졌다.

AD 409년, 스페인의 로마정부는 게르만군의 침략으로 무너지고, 419년에는 비지고스 왕국이 들어서 711년 까지 이베리아 반도를 지배하다가 이슬람이 고트왕국의 마지막 왕조인 로데릭을 쳤을 때 멸망했다. 무어 족에 의한 남부 스페인 점령은 거의 800년이나 계속되었다. 이 시기 동안 예술과 과학이 눈부시게 발전했고 새로운 농법이 소개되고 궁전, 이슬람사원, 학교, 정원과 목욕탕이 세워졌다. 722년에는 비지고스왕인 펠라요가 무어 족에게 첫 번째 반기를 들었고 그 후계자들이 작지만 강력한 기독교 왕국을 세우고 영토 내에서 무어족을 좇아내었다.

그 후 1266년까지 정통 스페인 왕조가 그라나다 주를 제외한 전 스페인을 장악했고 1469년 카스틸의 이사벨라 공주와 아르곤의 페르디난드 왕자의 결혼으로 황금시대에 진입했다. 1492년에 와서 그라나다를 빼앗고 무어 왕이 항복함으로 장기간의 왕정복고 시대가 막을 내렸다. 그 해 1492년은 콜럼부스가 신대륙을 발견하여 스페인 영토로 선포한 해로 이 신대륙의 발견이 도화선이 되어 황금시대가 도래하였다. 예술분야에서도 엘 그레코, 세르반테스 같은 대가들을 배출하며 황금기를 구가하였다.

1519년에는 페르디난드 왕가의 찰스 왕이 신성로마제국의 황제로 추대되었다. 그러나 1588년, 30년 전쟁을 치르면서 국제간의 불화가 일어나고 스페인은 쇠퇴의 길로 들어섰다. 프랑스 필립5세가 왕권을 장악하고 부르봉 왕조의 시대가 18세기 까지 지속되다가 1789년, 프랑스 혁명 이후 루이 16세가 죽고, 1808년에는 나폴레옹 군대가 들어왔다.

1815년 웨링톤이 이끄는 군대가 나폴레옹을 몰아내고 페르디난트 7세를 옹립하지만 그의 20년 통치도 정국을 혼란 속에 빠트려 왕조 쟁탈전이 야기되었다. 1873년에는 제1공화국이 선포되었지만 18개월 만에 군대가 왕정복고를 단행하고, 1898년, 스페인 – 미국 전쟁은 스페인의 식민지들을 잃게 했다.

20세기 초반, 내란의 위기 상황에서 군부가 독재자로 1930년 까지 나라를 지배했고, 1931년에 제2 공화국이 선포되었다. 1936년 – 1939년 스페인 내전 동안 60만 명 이상의 스페인 국민이 죽음을 당했으며, 프랑코가 권력을 장악한 35년 동안 경제 봉쇄로 경제 공항에 빠졌다. 1950년에 들어와서 미국, 로마와 새로운 조약을 체결하는 등 국교가 정상화되고 외자를 유치하여 경제가 서서히 회생되었다.

1970년대에 들어서는 유럽에서 가장 빠른 경제 성장국의 하나로 재부상하기 시작했으며 민주정치로의 진화를 이룩했다. 1986년 EC(=EU)에 가입하고 1992년 바르셀로나 올림픽과 세비야92 엑스포를 열고 마드리드를 유럽 문화의 중심지로 선포했다. 뛰어난 문화유산이 풍부한 스페인의 역사 또한 굴곡이 심했음을 알 수 있다.

말라가

Today is My Birthday. 그 이름도 익숙하고 너무나 유명한 화가 피카소의 고향 말라가에서 아침을 맞았다. 스페인의 안달루시아 지방에서 두 번째로 큰 항구 도시, 말라가는 12세기에 페니키아인에 의해 처음 발견되었으며 수세기 동안 카르타고인, 로마인, 무어인에게 지배를 받았다. 특히 무어인들이 15세기 중반까지 이곳을 지배하는 동안 이베리아 반도 전체를 아우르는 상권의 중심지로 성장하게 되었다.

현재 말라가에 상주하는 인구는 25만 명이지만 여름 한철에는 100만 명 이상의 관광객이 찾아온다고 했다. 말라가의 거리에는 높은 건물이 많고 사람들이 활기 넘치는 인상을 주었다.

화창한 날씨가 우리를 반겨주는 것 같다고 얘기하며 말라가 언덕 위에 서 있는 알 카사바 성채로 갔다. 무어인이 지배하던 시절에 그라나다의 한 지배자가 지은 이 성채는 1931년 유네스코의 문화유산으로 지정되었다.

성채를 따라 돌길을 걸으며 성채다운 위엄을 느낄 수 있었다. 아랍의 말발굽 형태의 아치들을 보고, 열개의 탑들이 늘어서 있는 모습도 보았다. 알 카사바 성채의 메인 왕궁에는 고고학 박물관이 있었고 아랍 분위기가 물씬 풍기는 건물 안에는 선사시대부터 내려온

말라가 성채에서 내려다 본 투우장

스페인

피카소 생가인 노란 색 건물을 손으로 가리켜 보다.

다양한 공예품과 주화류 등이 전시되고 있었다.
 다음 목적지는 출발 전부터 기대를 잔뜩 가졌던 피카소의 생가였다. 그의 생가는 메르세드 광장 오른쪽 코너에 있었는데 노란색 벽돌의 아담한 집이었다. 10세에 이미 미술교사였던 아버지를 능가하는 그림을 그렸다는 피카소는 16세까지 스페인 미술학교의 모든 콩쿠르를 휩쓸었다고 한다.
 차들이 다니는 길을 건너 안으로 들어갔다. 1층에 피카소와 관련

된 상품들을 판매하는 작은 상점이 있었다. 2층 계단으로 올라가니 피카소 제자들의 그림들이 전시되고 있었고, 피카소가 사용하던 책상과 책장, 그리고 그의 사진들을 위주로 전시하고 있을 뿐이었다. 피카소의 생가라고 기대가 컸던 만큼 실망한 마음도 컸다. 나는 아래층으로 다시 내려와 피카소의 낯익은 그림, 평화를 상징하는 '비둘기'가 들어 있는 엽서와 티셔츠 같은 기념품을 사면서 아쉬운 마음을 달랬다.

그러나 알고 보니 말라가 시내에는 2003년에 오픈한 말라가 피카소 박물관이 또 하나 있었다. 산티아고 성당을 지나 찾아 간 피카소 박물관은 원래 16세기에 건축된 안달루시아의 전통 양식의 궁전으로 그 규모가 대단히 컸다. 그러나 이 박물관은 월요일이 휴관이었고 오늘이 바로 월요일이었기 때문에 들어 갈수 없었다. 여기서 피카소의 유년시절 그림들과 그의 가족을 그린 그림들,《피카소의 여인》이라는 주제를 붙인 수백 점의 작품을 만날 수 있었는데 하루를 기다리지 못하고 안타까운 마음으로 말라가를 떠나야했다.

시에라네바다 산맥의 북쪽과 과달키비르 강의 지류 헤닐 강과 다드로 강이 합류하는 높이 670m 지점에 있는 도시, "Granada, 내가 꿈꾸던 그곳…." 이 노래로도 유명한 스페인 남부 안달루시아 지방의 그라나다에 도착하니 낮 12시46분이었다. 온도 32도, 하늘은 청명했다. 8세기에 이베리아 반도를 점령했던 이슬람교도들이 왕국을 세우고 800년 동안 번영을 누렸던 수도 그라나다는 당시 유럽에서 가장 부유했던 도시들 중의 하나였다.

점심을 예약했던 식당이 여름휴가 중이라고 문이 닫혀있었다. 교외로 옮겨 인테리어가 멋있는 레스토랑에서 하몽과 연어구이로 스파게티도 곁들여 맛있는 점심을 먹었다. 스페인의 명물 하몽은 돼지고기 중에서도 특히 뒷다리의 넓적다리 부분을 통째로 소금에 절여 건조시키거나 훈연시켜 만든다고 한다. 산간지방의 건조하고 추운 기후 속에서 만들어지며 다른 사료가 아닌 도토리만을 먹인 돼지로 만들어야 맛이 좋다고 했다. 고기를 좋아하지 않아서 그런지 특별하게 맛있다는 생각은 들지 않았다.

그라나다

유럽에 현존하는 이슬람 건축물 중 최고 걸작으로 꼽히며 그라나다의 상징이 된 알함브라 궁전으로 먼저 갔다. 1238년 나스르가의 유세프 왕이 그리스도 교도들에게 쫓겨 그라나다에 들어온 후 짓기 시작하여 대대로 증축을 거듭한 "붉은 성"이라는 뜻의 알함브라 궁전은 나무가 울창한 높은 언덕 위에 있었다.

1975년 리스본 대지진 때도 알함브라 궁전은 무너지지 않고 남아있다는데 그 이유가 자갈 섞인 붉은 흙으로 지었기 때문이라 했다. 자갈 섞인 붉은 흙은 공기와 접촉하면 점점 더 굳어지는 특성이 있다는 것이다. 둘러 싼 성벽이 2km나 되는 궁전의 내부는 왕궁, 카를로스 5세 궁전, 헤네랄리페 정원, 알 카사바로 구성되어 있었다.

성 안으로 들어가니 드넓은 대지 위에 커다란 원형의 정원과 아름다운 메슈아르 궁전이 나왔다. 이슬람 건축의 걸작이라는 평가에 어울리게 왕궁의 모습은 대단히 아름다웠다. 북쪽 벽에 늘어 선 아치 모양의 정교한 창문으로 정원의 나무가 보이고 그라나다의 구시가지의 다닥다닥 붙은 붉은 지붕들이 보이기도 했다.

벽면의 화려한 아라베스크 무늬도 대단했지만 천정 쪽으로 하얀 종유석 같기도 하고 레이스를 펴놓은 것 같은 장식은 바늘구멍 하나 들어 갈 틈이 보이지 않을 정도로 섬세하고 아름다운 조각품이었다. 오래된 이슬람 건축술의 탐미적인 아름다움과 이국적인 분위기에 빠져 한참이나 서 있었다.

사자의 뜰로 들어가는 입구의 흰색 건축물은 종유석 모양의 아치로 예쁘게 꾸며져 있고 위쪽의 벽에는 아라베스크 서체로 코란의 글자들이 가득 새겨 놓았다. 그 아치들을 배경으로 환한 안뜰이 보이고, 뜰 안에는 12마리의 사자가 받들고 있는 분수대가 있었다. 분수대에서 나오는 물은 파놓은 홈을 따라 정원 구석구석을 흐른다고 했다. 사자의 분수는 물시계 역할도 하여 1시에는 1마리의 사자 입에서 물이 나오고 2시에는 두 마리의 입에서 물이 나오는 식이었다고 한다.

이 정원은 124개의 가느다란 대리석 기둥들과 회랑으로 둘러싸여 있었는데 에워싼 방들과 시설은 모두 왕의 사적 공간으로 후궁들이 가득 찬 하렘이었던 곳이다. 하나하나의 조각품들이 만들어 내는 전

아반세라헤스 방의 별모양의 천장 모습

체적인 균형과 조화가 놀라웠다. 사진을 찍으려는 사람들이 장사진을 이루고 있었다. 사자의 뜰을 지나 왼쪽에 있는 자매의 방으로 들어가 보니 높은 천장이 특이하고 아름다웠다. 대사의 방, 왕들의 방으로 연결되는 대로 따라 갔는데 사람들이 움직이지 않고 천장을 쳐다보고 있는 방에도 갔다. 그 유명한 아반세라헤스의 방이었는데 모두들 별모양의 팔각천장을 보느라고 움직이질 않았다. 거미집을 형상화하였다는데 갈색목재의 결도 그대로 살리면서 교묘하게 짜 맞

춘 솜씨가 대단했다.

　다음에 간 카를로스 5세 궁전은 스페인 번영기이던 16세기 무렵 카를로스 5세가 회교 건축물에 대항하기 위해 세웠다고 했다. 카를로스는 알함브라 궁전을 부수는 대신에 그 앞에 자신의 궁전을 세운 것이다. 전체적으로 이슬람 양식인 알함브라 궁전의 건물들과 달리 이 궁전은 로마식 건축이었다. 이것은 미켈란젤로의 제자이기도 했던 페트로 맞추카의 작품이라고 했다.

　이 궁전의 1층은 도리스 양식의 대리석 기둥이고 2층은 이오니아 양식으로 마치 도넛같이 한 복판이 비어 있는 원형건물이었다. 현재도 1층은 그 음향 효과가 뛰어나기로 유명하여 국제적인 그라나다 음악제의 무대로 사용되고 있었다. 2층은 알함브라 궁전에서 발굴된 유물들을 전시하는 박물관과 그라나다파 회화들을 전시하는 시립미술관이었다.

　사람들이 북적이는 옛 성채 꼬마레스 탑을 지나가니 정확한 대칭구조의 초록빛 사각형 연못이 나왔다. 정면으로 가서 궁전과 연못 속에 비친 궁전 전체의 모습을 보니 신비할 정도로 아름다운 궁전이었다. 이곳이 인도의 타지마할 궁전 묘의 분위기를 가진 아라야네스 정원이었다. 물, 대기, 식물을 주제로 지었다는 직사각형의 연못 양옆에 아라야네스(천국의 꽃)가 있어서 지어진 이름인데 초록빛 연못에 비친 궁전의 모습이 정말 환상적이었다.

　사막지대 사람들에게는 물에 대한 동경이 유달랐을 것이다. 이러

이슬람 건축의 걸작, 알함브라 왕궁의 아라야네스 정원

한 물이 생명의 근원으로, 정결하게 하는 도구로, 비추는 존재의 상징적 의미를 가지고 정원의 중요 요소로 들어갔다는 것이다. "낙원과 흐르는 물을 결합시켜 에덴동산을 구현했다"고 극찬 받는 이 궁전에는 물이 귀한 곳답게 내부 곳곳에 오아시스와 분수가 있었다.

　궁전 바깥에 있는 헤네랄리페 정원은 1319년 나스르 왕조의 5대 왕 이스마엘 1세가 세운 별궁을 에워싸고 있는 정원으로 왕족의 여름 별궁이었다. 넓지 않고 길쭉한 정원이었는데 사이프러스 나무들이 일직선으로 양쪽에 길게 뻗어있고 한 가운데 수로에는 맑은 물이

알함브라 왕궁의 여름궁전, 헤네랄리페

은하수처럼 흐르고 있었다.

　가는 물줄기를 둥글게 뿜어내는 분수는 밝은 햇빛에 반짝이는 터널로 엷은 물보라를 만들고 있어 보기에도 시원하고 재미있었다. 끊임없이 잘잘거리는 물소리는 거대함과는 다른 작고 섬세한 감수성이 돋보였다. 조용한 정원 곳곳 이름 모를 나무가 지닌 전설을 들으며 먼 옛날 이 정원을 거닐던 사람들을 상상해 보았다.

　누군가가 각자의 시간을 갖자고 제안했다. 아쉽지만 한 시간을 그러기로 했다. 단체로 볼 수 없는 곳을 여기 저기 혼자 다니다보니 어떤 기둥 아래 두 다리 쭉 뻗고 피리 같은 악기를 불고 있는 긴 머리의 여자가 있었다. 여유로워 보여 잠깐 부럽기도 했지만 어쩐지 슬퍼보였다. 나무 그늘 벤치에 앉아 있다가 다가오는 사람들과 이야기도 나누었다. 집으로 돌아가면 프란체스카 타레가의 '알함브라의 추억'의 영롱한 기타 선율을 들으며 다시 이 아랍의 아름다운 궁전과 정원을 기억해 보리라…. '세상에서 가장 불행한 사람은 그라나다의 장님'이라는 속담 속에는 아늑하고 환상적인 알함브라 궁전이 큰 몫을 했겠구나 하는 생각이 들었다.

　스페인을 통일한 가톨릭 군주였던 페르디난도 왕과 이사벨 여왕이 그라나다를 점령할 당시 아름다운 알함브라 궁전에 매료되어 전쟁을 치루면 궁전이 파괴될 것을 우려한 나머지 공격을 하지 않고 항복 할 때 까지 주위에 진을 치고 기다렸다는 일화도 있다. 이슬람의 마지막 왕 보아브딜이 시에라네바다의 험한 산길을 넘어가다가 알함브라 궁전을 바라보며 통한의 눈물을 흘렸다는 통곡의 계곡도 있다고 했다. 그 해 1492년은 그리스도 교도가 그라나다를 탈환하여 국토회복이 완료된 해이며 그라나다의 정복자 이사벨 여왕의 원조를 받은 이탈리아의 제노바 사람 콜럼버스가 신대륙을 발견한 해이기도 했다.

그라나다의 알 카사바(성채)의 원형은 9세기 후반의 후우마이아 왕조 때 건설된 것으로 알함브라 안에서도 가장 유서 깊은 곳이라 했다. "오직 신만이 승리자다"라는 문구가 새겨진 문으로 들어가서 좁은 계단으로 올라가 벨라탑 정상까지 갔다. 뜨거운 햇살을 피하지 않고 서서 파노라마처럼 펼쳐지는 그라나다의 비옥한 들판, 시에라 네바다의 봉우리들을 바라보았다.

궁전을 나오다가 성채 입구 한쪽에 있는 기념품 상점을 발견하고 들어갔다. 그라나다라고 이름이 쓰여 진 하얀색 종을 먼저 찾아냈고 그라나다를 상징한다는 빨간 석류 모양의 예쁜 메달이 달린 금빛 목걸이도 발견했다. 사고 싶은 물건들이 많았는데 시간이 없어서 불가했지만 그래도 그라나다를 추억하며 볼 수 있는 기념품을 두 가지나 살 수 있어서 기뻤다.

저녁 8시, 우리가 들어 온 호텔 SAN SANTON의 8층 레스토랑에서 저녁 식사 전, 생일 파티가 있었다. 주인공은 바로 나였는데 바쁜 여행 중 인데도 M샘이 놓치지 않고 준비해준 이벤트였다. 케이크에, 와인에, 충분히 행복했는데 게다가 검은색 전통의상을 차려

알함브라 궁전의 알 카사바(성채)에 오르다

생일 파티에 나타난 '뚜나'의 축하 노래를 받다.

입은 뚜나가 깜짝 출현하여 기타 연주와 함께 생일축하 노래를 불러주었다. 여행 마니아 후배 선생님들의 박수와 축하 말씀들도 감동스럽고 고마웠다. 무차스 그라씨아스!

  아직은 만으로 오십 아홉이라고 말해주고 싶었다. 우리나라 식 생일 초였으면 작은 것 하나는 빼내려고 했는데 그라나다의 생일 초는 아라비아 숫자였다. 빨간 색 큰 글자 60 위에 단 두 개의 촛불을 켜게 되어있었다. 59이면 뭐하고 60이면 어떠랴. 이렇게 멋진 여행을 하면서, 스페인 그것도 가장 아름다운 도시 그라나다에서 60회 생일 축하를 받다니 잊을 수 없는 감동을 안겨 준 저녁이었다. 그러고 보니 오늘 산 석류석 목걸이는 내가 나에게 주는 생일 선물이 되었다.

플라멩꼬

늦은 밤 10시에는 플라멩꼬 공연이 예약되어 있었다. 스페인 사람하면 떠오르는 것이 긴 머리의 집시여자가 입에는 빨간 장미를 물고 열정적으로 플라멩꼬를 추는 모습이었으니 플라멩꼬의 고장 그라나다에 와서 춤추는 집시 여인을 만나러 가는 것은 당연한 코스였다.

공연장으로 가는 알바이신 지구 언덕에서 우리는 넓고 아름다운 석양의 하늘을 만났다. 이미 해는 지고 비어있는 먼 하늘은 보라빛으로 가득한데 그 아래는 붉은 빛 구름이 뭉게뭉게 피어오르고 있었다. 지평선 가까이에는 찬란한 황금빛 햇살이 남아 사라지는 태양을 보내고 있었다. 자연이 어두워지는 하늘에 이렇듯 아름다운 색으로 마지막 그림을 그리면 사람들도 하나 둘 작은 등불들을 켜 어두움을 밝히기 시작한다. 이 그림 속에 낮에 본 알함브라 궁전이 전체의 모습으로 신비롭게 다가와 우리의 환호를 받았다.

우리는 이곳 지명대로 ALBAYZIN이라는 간판을 걸어 놓은 플라멩꼬 공연장으로 들어갔다. 실내는 생각보다 좁고 어두웠다. 무대의 막이 오르고 먼저 검은 의상을 차려입은 남자들이 기타를 들고 등장해 무대 위에 앉았다. 그들이 빠른 리듬으로 기타를 연주하며 노래를 부르자 옆에 서 있던 한 남자가 손뼉으로 박자를 맞추며 함께 노래를 부르기 시작했다. 동시에 검은 바탕에 빨간색 무늬의 화려한 의상을 차려입고 한쪽 귀에 붉은 꽃을 꽂은 무희가 등장했다.

한이 서린 얼굴, 거친 세월을 살아 온 듯한 분위기의 무희가 긴 치마를 발로 차며 양손을 교묘하게 꼬며 춤을 추기 시작했다. 음악이 빨라지자 점점 춤사위가 강렬해지고 드디어 구두 뒤축으로 바닥을 때려 소리를 내는 일사 분란한 발바닥 장단이 시작되었다. 내가 어딘가로 빨려들어 가는 느낌이 왔다. 애절하고 슬픈 표정으로 온몸을 불사르듯 춤을 추고 있었다. 관객들을 완전히 휘어잡는 춤은 그 다음 무대에 나온 무희에게로 옮겨갔다.

다음에는 캐스터네츠와 부채를 든 화려한 복장의 무희들이 나와서 좀 더 힘차고 빠른 가락에 맞추어 춤을 추었고 마지막엔 남자 무희가 나와 격정적인 솔로로 무대의 막을 내렸다. 관객들의 '올레' '올레' 요란한 박수 소리와 함께 그라나다의 밤은 깊어갔다. 작은 공연장이었지만 우리는 충분히 안달루시아의 영혼이 서려있는 춤과 음악을 만끽하고 돌아왔다.

아랍어 '플라멩꼬'가 '돌아다니는 사람'을 뜻하는 말이라 하니 한 곳에 머무를 수 없는 유랑의 피를 가진 집시의 춤과 음악이 그 이름을 얻게 되었을 것이다. 15세기 스페인 남부에 정착한 집시들이 만들어 낸 플라멩꼬는 화려하고 즉흥적이며 기교적인 음악으로 널리 알려져 있다. 악보 없이 연주되는 플라멩꼬의 리듬은 매우 불규칙적으로 들리지만 그 속에는 60가지 형태의 리듬이 있다고 한다.

  시인 로르까의 표현이 기억났다. 그는 플라멩꼬의 기타 소리는 다섯 번의 칼을 맞고 찢어진 아픈 가슴을 가지고 있다고, 눈 위의 바람처럼 슬픔에 운다고 시를 썼다.

(08, 01 월요일)

꼬르도바

오늘은 안달루시아의 위쪽으로 정 중앙에 위치한 분지, 꼬르도바로 이동했다. 올리브로 유명한 하이엔 지방을 지나며 끝없이 펼쳐지는 올리브 경작지를 보았다. 올리브 나무들은 보기 좋게 일렬로 심겨져 있었는데 이것은 통풍 효과를 위한 방법이라 했다. 어떤 나무는 두세 개를 묶어 심은 것도 보였다. 이것은 경쟁심을 유발하여 성장을 빠르게 하는 방법이라고 했다.

올리브 나무를 자세히 보니 오래된 고목의 몸체와 큰 줄기에는 근육의 힘줄이 퍼져있는 느낌이 들었다. 살아 움직이는 에너지와 끈질긴 생명력이 눈에 잡힌다. 이 나무들은 나이가 200~300년 된 나무들이 많이 있고 올리브 나무의 수명이 1000년이 넘는다고 하니 사실일까 의문스러웠다. 요즘도 수확기가 되면 아프리카에서 100만 명 이상의 인력을 수입하여 6개월 씩 일하게 한다고 한다. 역시 스페인과 아프리카의 인연은 긴 것 같았다.

사회 보장 제도가 잘 되어 있는 스페인은 이(異) 민족에게도 관대한 편이라 하며 모로코를 탈출한 사람들이 스페인으로 들어와 일하면서 정착하고 3년이 되면 노동허가증을 발부해 준다는 것이다. 그렇게 들어온 이주자들이 유럽 각지로 진출하는 경우가 많아 이것을 문제 삼는 나라들도 있다고 했다.

라만차 지역에 이르니 황금빛 밀밭이 펼쳐지기 시작했다. 언덕 위에 커다란 검은 색 황소가 한 마리 위엄 있게 서있다. 갑자기 나타난 소를 보고 모두 놀랐는데 알고 보니 실제 황소가 아니라 입체감 없는 선전용 간판이었다. 스페인을 상징하는 기념물인가 생각했는데 알고 보니 그 검은 색 소는 세계적으로 유명한 '오스보르네'의 셰리주를 광고하고 있는 중이라 했다. 얼마나 유명하면 회사 로고도 없이 아무글자도 없이 제 혼자 모습만으로 광고를 할 수 있을까? 얼마나 오랜 역사와 전통을 가진 회사인지 짐작할 만 했다.

꼬르도바에 도착하니 낮 2시 40분, 섭씨 43도였다. 카르타고와 로마가 등장하기 전에 이미 도시로 자리 잡고 있던 코르도바는 아랍인들이 711년에 이베리아 반도를 점령한 후 제일 먼저 정한 수도였다. 아랍인들은 이슬람교의 근본주의적 힘으로 아랍세계를 하나로 묶고 힘을 외부로 발산하여 아프리카를 지나 그들이 파고들기에 좋은 위치에 있는 스페인으로 들어 왔다.

이 후 스페인은 8세기에 걸쳐 아랍의 지배하에 들어갔고, 꼬르도바에는 이슬람 대사원들이 많이 세워진 것이다. 그 당시 이슬람 문명은 과학, 군사, 문학 등 모든 면에서 중세 암흑기를 겪고 있던 유럽의 기독교 문명을 앞서고 있었다. 이슬람 사람들이 전해 준 그리스 – 로마문명의 계승이야말로 르네상스의 씨앗이 되었던 것이다.

7~13세기 500년간 유럽의 빛이었던 대도시, 꼬르도바는 한산하고 깨끗하게 보였다. 좁은 골목골목 사이사이에 하얀 집들이 발코니

마다 주렁주렁 꽃을 내달고 있는 풍경이 아름다웠다. 꼬르도바에는 발코니를 장식하는 꽃들의 축제가 열리고 정원을 독특하고 아름답게 꾸민 사람에게 상을 주는 경연대회를 연다고 했다. 척박한 땅에서 살아가는 사람들의 지혜라는 생각이 들었다. 거리의 가로수는 오렌지 나무였고 사원 앞에도 너른 오렌지 정원이 있었다.

우리는 드디어 아랍문화의 대표적인 작품이며 강력한 종교성을 상징하는 대사원 '메스끼따'(모스크, 회교사원)에 들어섰다. 마침 사원의 높은 종루에서 종이 울리기 시작했다. 메스끼따는 785년과 787년 사이에 아랍인들이 들어와 짓기 시작하여 11세기 까지 계속 확장되었고 점차적으로 개축된 유명한 사원이었다.

종려의 문을 통해 안으로 들어왔다. 미리 어느 정도 알고는 왔지만 끝이 보이지 않는 넓은 사원을 가득히 메우고 있는 흰색과 붉은 색의 아랍 식 줄무늬 아치들과 이 아치들을 받치고 있는 850개의 화강암, 벽옥, 대리석 기둥들의 모습은 정말 장관이었다. 백색과 적색의 돌을 껴 맞추어 만든 이 단조로운 아치들은 겹겹이 멀어지면서 숲을 이루는 것 같기도 하고 흰색과 붉은 색의 깃발들이 힘차게 펄럭이는 것처럼 보이기도 했다. 좁은 간격을 두고 기둥들이 만들어내는 미로 같이 오밀조밀한 길을 따라 걸어들어 갔는데 마치 기둥의 숲 속에 들어 온 것 같이 신비한 느낌이 들었다.

남북으로 180m, 동서로 130m나 되는 이 대사원은 동시에 2만5천명이 들어 설 수 있을 만큼 넓고 웅장하지만 실내 장식들은 오밀

꼬르도바의 메스끼따 사원 안에서 본 십자가의 예수님은 여리고 작아보였다.

조밀하고 정교했다. 사원의 중앙에 까를로스 5세가 세운 르네상스 풍의 가톨릭 성당 앞에 섰다. 화려하게 황금색으로 장식된 미라브 (Mirab)와 기도하는 사람, 벽감의 낡은 판석, 휘황한 보석들로 장식된 금빛 성체현시대, 흰빛 마리아 상, 어디서 보았던 것 보다 감동적인 성인성녀들을 그린 그림들, 고풍스런 성가대 석을 돌아보며 깊은 생각에 빠졌다.

메스끼따 사원 안에서 본 성모 마리아와 아기 예수의 화려한 모습

아랍인들은 알라의 영광을 나타내고자 최고의 재료로 정성껏 이 사원을 지었을 것이다. 후에는 이 성당을 중앙에 지으면서 그리스도교가 하나님의 영광을 높이높이 찬양했을 것이다. 아름다운 메스끼따, 이 사원의 주인은 누구인가. 다른 문화를 파괴하지 않고 포용함으로 화합하고 공존하는 모습을 보여주었다고 생각해도 될까. 아니면 아랍인의 기를 꺾었다고 좋아하는 이는 없을까. 성화 안의 성인들이 서로를 정복하고 파괴하는 역사는 지금도 반복되고 있다고 낮은 소리로 말해주는 것 같았다. 어떻든 메스끼따는 세빌리아의 대성당, 알함브라 궁전과 함께 세계사를 대표하는 위대한 건축물로 남았다. 영국 작가 제럴드 브레넌은 스페인 전역에서 가장 아름다운 건물로 메스끼따를 뽑았다.

꼬르도바의 12세기의 성벽들이 남아있는 유대인 거리를 걷다가 스페인 사상가 세네카 동상을 만났다. 로마의 철학자, 정치가였던 자그마한 체구의 세네카는 까무잡잡한 얼굴과 어깨를 내어놓고 한낮의 태양 아래 작은 소리로 이렇게 말하면서 서 있었다.

"What is happy life? Peacefulness and constant tranquility. Loftiness of mind will bestow this, and consistency which holds fast to good judgement."

"행복한 삶은 어떠한 것인가? 평화로움과 한결같은 평온함이다. 고상한 정신이 이것을 줄 것이다. 지속적으로 바른 판단을 하게 하

꼬르도바의 유대인 꽃길(위), 유대인 거리에 서 있는 세네카 동상(아래)

는 일관성이 이것을 줄 것이다."

거리에 홀로 서있는 모습이 쓸쓸하게 보이기도 하지만 어쩐지 평화롭게 보였다. 세계 어디를 가도 유대인 거리는 지적이고 문화적인 분위기를 느끼게 하는 것 같다.

오늘도 차이나타운 레스토랑에서 점심을 먹었다. 야채와 달걀이 들어 있는 스프와, 고기에 피망을 넣은 볶음, 오징어 볶음, 야채샐러드에 하얀 쌀밥으로 우리 입맛에 딱 맞았다. 나오다가 이곳의 특산물 상점에 들어갔는데 가죽냄새가 심했다. 크고 작은 가죽 장식품들, 예술적인 가죽 공예품들이 넓은 매장에 가득했다. 물건이 좋은 대신 가격이 높았다. 나는 이번 여행의 가장 중요한 선물을 여기서 고르기로 하고 꼬르도바 가죽 지갑을 샀다.

이동하는 버스 안에서 베니 감독의 'La vieta bea(인생은 아름다워)' 영화를 보며 마드리드로 가고 있다. 슬픈 코미디라고 할까, 폴란드 아우슈비츠에서 보았던 수용소가 그대로 나온다. 몇 번을 보아도 이 영화의 메시지와 주인공의 연기는 눈물 나게 감동적이다.

하늘은 구름 한 점 없이 푸르고 황금 빛 밀밭이 끝없이 펼쳐지는데 멀리 콘수에그라 풍차 마을이 보이기 시작했다. 집집마다 벽을 하얗게 칠해 깨끗하게 보이는 집들이 모여 있는 마을을 지나 드문드문 떨어져 있는 풍차들이 보이는 높은 언덕으로 올라갔다. 시원한 바람이 불어오는 언덕 위에 사람이라고는 우리들뿐이었다.

돈끼호떼의 풍차들이 서 있는 콘세그라 언덕

 세르반떼스가 돈끼호떼를 쓴지 4세기가 흐른 지금, 돈키호테의 첫 대결 상대였던 거인 같은 풍차가 우리를 맞이해 주고 있으니 저쪽 언덕에서 산초를 거느린 돈끼호떼가 나타날 것만 같은 착각이 들었다. 풍차 날개에 걸려서 공중에 떴다가 땅으로 떨어지는 돈끼호떼를 상상하며 웃고 또 웃었다. 카메라 렌즈에 깊고 청명한 하늘을 배경으로 열한개의 풍차를 다 넣기 위해 뒷걸음을 치며 즐거웠다.

조그만 기념품집이 하나 있어 가 보았다. 주인은 없고 문이 잠겨 있어 문 앞에 서 있었더니 어떻게 알았는지 멀리 떨어진 동네에서 주인이 뛰어왔다. 풍차 달린 종을 사고 싶다고 했더니 여러 개의 기념품 사이에서 딱 하나있는 풍차 달린 예쁜 종을 찾아냈다. 기념할 만한 종을 이곳에서 살 수 있어 더욱 즐거웠다. 끝없이 펼쳐지는 황갈색 평원 위에 여기 저기 서 있는 성들과 풍차를 바라보며 1560년까지 스페인의 수도였던 똘레도로 이동하고 있다.

저녁나절에 마드리드 남쪽으로 70km 지점에 있는 중세의 도시 똘레도에 도착하였다 1500년 전의 모습을 그대로 간직하고 있다는 고도(古都) 똘레도는 세월을 잔뜩 머금은 채 조용하고 엄숙한 표정으로 우리를 맞아 주었다. 우리들은 비사그라 문에서 아주 가까운 호텔에 짐을 풀었다.

인구 6만의 작은 도시 똘레도는 마드리드로 수도를 옮기기 전 1천여 년 동안 스페인의 중심 도시였고 서고트 왕국, 이슬람 왕국, 레온왕국, 카스티야 왕국의 수도로 수백 년의 번영과 영화를 누렸던 도시였다. 또한 1987년 유네스코는 이 고대도시를 세계문화 유산 도시로 지정했다.

저녁 식사 후, 우리는 유적이 많은 이 도시의 야경을 먼저 보기위해 나섰다. 구시가지로 들어가서 무어 풍 왕궁의 성벽 길을 걸으며 장구한 역사를 통해 형성된 독특한 도시의 분위기를 느껴보았다. 다리가 아플 때까지 걷다가 나중에는 관광객들을 위하여 밤에도 불빛

똘레도의 신시가지에 있는 호텔 헤스페리아

이 환한 노천 상점 앞에 삼삼오오 앉아서 우리가 스페인하고도 똘레도에 와 있음을 서로 확인하며 오래도록 즐거운 담소를 나누었다.

(08, 02, 화요일)

세르반떼스 기념박물관

화창한 아침, 세르반떼스 기념박물관은 마드리드로 가는 길에 갈 수도 있는 곳이지만 박물관 오픈 시간 때문에 그곳에 먼저 갔다가 돌아와서 똘레도 관광을 시작하기로 하고 서둘러 라만차의 에스키비아스로 출발했다.

스페인의 자랑 세르반떼스는 1547년, 스페인 알 칼라 데 에나레스에서 가난한 외과 의사의 아들로 태어났다. 그는 작은 도시지만 대학이 있고 학문적 분위기가 풍기는 고향에서 신학과 문학에 대한 지식을 습득할 수 있었다. 그 후 그의 집안은 꼬르도바, 세비야 등지를 전전하다가 마드리드에 정착했고 그는 1569년에 이탈리아로 건너갔다. 1571년에는 군대에 입대하여 레판토 해전에 참가했다가 왼팔을 잃게 되었고 귀국하던 중 지중해에서 해적들에게 습격을 당해 1580년까지 5년간 알제리에서 노예생활을 하였다.

그는 1568년 마드리드에서 로페스 데 오요스의 사숙에서 잠시 공부한 것 외에는 학교 교육을 거의 받은 적이 없었지만 그의 자라난 환경과 모험, 그리고 여행의 경험들이 그의 문학적 테마를 풍부하게 해 주었다고 본다.

1584년, 18년 연하인 까딸리나라는 부유한 농가의 딸과 결혼하였고 이듬해에 처녀작 소설, 전원 로맨스 《갈라떼아》를 출판하였다.

우리는 지금 세르반떼스가 까딸리나와 함께 살았던 마을로 가는 중이다.

그는 1587년까지 20~30편의 희곡을 쓴 것으로 전해지나 그 중 두 편이 남아있을 뿐이다. 얼마동안 그는 문학을 버리고 무명의 세금 수금원 등으로 생계를 유지하다가 투옥 당하기도 하며 빈곤한 생활을 했다.

그러나 1605년, 《돈끼호떼》 제1부를 발표하면서 세상의 갈채를 받게 되었다. 1615년에 《돈끼호떼》 제2부를 출판하기 까지 12편의 중편을 모아 《모범 소설집》을 비롯하여 《파르나소에의 여행》《신작 희곡 8편》도 출간하였다. 한 때 그는 '하늘이 은총을 내려주지 않는다'고 자신의 운 없음을 한탄하며 자신의 문학적 자질을 인정받지 못함을 안타까워했다. 그러나 지금은 르네상스와 바로크를 잇는 작가로, 동시대의 셰익스피어와 비교할 만한 성격묘사의 대가로 평가받고 있다.

그는 스페인 문학의 황금세기를 이루어낸 작가가 되었고 그의 작품의 주인공은 스페인의 전형적인 두 인물, 돈 후안과 돈끼호떼, 중의 하나가 된 것이다. 돈끼호떼는 이상보다 우위에 있는 현실을 무시하고 근대에도 중세의 기사처럼 살 수 있다고 믿고 행동하는 인물이다. 이미 낡은 이념이 되어 더 이상 기능하지 못하는 과거의 생활양식으로 살아가는 그러한 인물유형은 그 후로도 문학작품 속에 계속적으로 변형되어 나타나고 있다.

아직 이른 시간이어서 그런지 문이 잠겨있었다. 문을 두드리며 기다리다 우리가 들어 선 박물관은 중세 에스파냐의 전형적인 대농가였다. 넓은 마당에 햇볕이 가득 내려앉아 조용하고 평화로웠다. 집을 지키는 사람도 보이지 않았으나 건물 안 으로 들어가니 박물관이라는 이름이 어색하지 않을 만큼 세르반테스의 유물이 많았다.

1층에는 60여 나라의 언어로 번역된 돈끼호떼 소설 판이 책장 안에 가득 전시되어 있어 한국판을 찾아보았다. 그러나 한글로 번역된 돈끼호떼는 어디로 갔는지 보이지 않아 아쉽고 의아했다. 우리나라에는 서점마다 있을 텐데 어쩐 일인지…. 우리들은 모두 흥분해서 우리가 돌아가거든 꼭 보내자고 큰 소리로 떠들었다.

세르반떼스의 집필실에는 그의 초상화와 그가 사용했던 책상과 의자가 그대로 전시되어 있었다. 그의 작품 속의 주인공들이 익숙해서 그런지, 그 의자에 앉아보아도 괜찮을 것 같은 생각이 들었다. 편안히 앉아 기념사진도 찍고 방명록에 일필휘지도 남기며 즐거웠다. 2층 침실에는 그가 사용했던 침대며, 난로, 램프 등이 있고 따뜻한 분위기였다. 이 정도면 그가 오랜 방황과 구차한 생활에서 벗어나 까딸리나와의 편안한 결혼생활을 하면서 후세에 남을 풍자와 해학이 넘치는 명작을 쓸 수 있었겠구나, 하는 생각이 들었고 그의 작품들을 다시 읽어보고 싶어졌다.

다른 방에도 그 당시 대농가의 살림도구, 농기구들이 잘 보존되어 있었다. 특히 마당을 지나 지하로 내려가서 그 당시 포도주를 만들

세르반떼스박물관 각국 번역서 진열장

어 숙성시켜 땅 위로 뽑아내던 설비들이 잘 보존된 모습을 볼 수 있었다. 서늘한 기운이 감도는 지하실은 포도주를 숙성시키던 거대한 둥근 나무통들이 일렬로 서있는 꽤 넓은 저장고였다.

 이곳을 지나 안내인을 따라간 곳은 꼬마 전등불을 켜야 할 만큼 어둡고 한 사람이 옆으로 서서 겨우 지나 갈 수 있는 좁은 통로로 되어 있는 저온의 저장고였다. 여기도 포도주가 담긴 통들이 죽 늘어섰는데 통마다 수도꼭지 같은 장치가 있어 틀면 포도주가 수돗물처럼 콸콸 나오도록 만들었으니 그 옛날의 포도주 제조 솜씨가 대단하구나 싶었다. 에스끼비아스는 스페인에서도 포도주로 유명한 곳이라고 했다.

똘레도

 다시 똘레도로 돌아와 전체의 전망이 가장 잘 보이는 빠라도르로 가는 버스를 타고 구비 구비 좁은 언덕길을 10분쯤 올라갔다. 에메랄드 빛 따호 강을 거느리고, 붉은 바위산 위에 서 있는 중세도시, 똘레도는 손으로 빚은 미니어처처럼 정교하고 구도가 아주 잘 잡힌 한 폭의 그림처럼 아름다웠다.

 이곳에서 기원이 가장 오래된 알깐타라 다리, 14세기에 세운 산 마르틴 다리, 지금은 사관학교로 변한 왕성(王城) 알까사르를 바라보며 서 있으니 타임머신을 타고 먼 과거로 넘어 간 기분이 들었다. 넓은 평원에서 불어오는 신선하고 상쾌한 바람 속에 1000년 동안이

천년의 도시, 똘레도는 구도가 잘 잡힌 한 폭의 그림 같다.

똘레도 전경이 가장 멋있게 보인다는 자리

나 마치 하나의 거대한 성처럼 견고하게 서 있는 아름다운 도시, 똘레도를 내려다보며 우리는 모두 할 말을 잃었다.

다시 내려 와 웅장한 비사그라 문으로 천천히 걸어 들어갔다. 불그레한 색이라는 뜻의 비사그라 문은 북쪽의 광활한 평원지대에서 시내로 들어오는 관문으로 1550년에 공사가 끝났다고 알려졌다. 중앙의 문을 중심으로 두 개의 커다란 반원형 탑이 양쪽에 서있는데 가운데 문이 양쪽 탑과 비교하여 너무 커 보였다. 중앙 문 위쪽에 있는 왕실 문장(文章) 조각이 눈에 띄었다. 두 개의 머리를 가진 독수리가 왕관을 쓰고 있는 형상이었는데 그 위용이 대단하여 보는 이마다 걸음을 멈추게 했다.

한참 걸어 올라가서 하늘을 찌를 듯이 솟아있는 고딕양식의 똘레도 대성당 정문 앞에 섰다. 페르난도 3세가 1227년에 시작한 후, 266년 만에 완성된 이 성당도 이슬람왕국 시대에는 회교사원이었다가 1086년 알폰소 6세에 의해 똘레도가 수복되고 난 후 가톨릭 성당으로 개조되었다. 이 성당은 스페인 가톨릭교회의 중심이자 권위의 상징이라고 했다.

정문 양쪽에 서로 대칭을 이루고 있는 두 개의 탑이 있고 그 사이에 화강암으로 만든 세 개의 문이 놀라울 만큼 정교한 조각품들로 장식되어 있었다. 가운데 문은 '용서의 문' 오른쪽 문은 '심판의 문' 왼쪽 문은 '지옥의 문'이며 최후 심판의 날을 기다리며 지금까지 단 한 번도 열리지 않았다고 했다.

똘레도 대성당 입구의 아름다운 모습

우리는 또 다른 문으로 성당 안에 들어 갈 수 있었는데 들어가자마자 우리는 그 화려함과 장엄함에 놀랐다. 길이 120m, 폭 60m, 중앙 높이 33m의 대성당에는 88개의 대리석 기둥이 서 있고 22개의 예배 실이 있다고 했다. 맨 먼저 다가간 대 제단에는 아름다운 조각품이 가득한 제단 병풍이 7열로 아름답게 펼쳐있었다. 이렇게 화려하고 섬세한 고딕 양식의 아름다운 조각품은 본 적이 없다는 느낌이었다. 병풍 안에는 황금빛 가는 실로 짜 놓은 듯 한 성모상, 성체 현시대, 예수 탄생, 성모 승천을 보여주는 내용들이 선명한 색상으로 화려하게 펼쳐있다.

또한 위쪽에는 예수님의 십자가상이, 좌우에는 성모상과 성 요한상이 보였다. 발걸음을 옮기면서도 시선을 떼지 못하고 있다가 앞에 간 사람들의 탄성 소리가 들려 따라 가보니 모두가 천정 뒤쪽으로 오목하게 들어 간 작은 예배 실을 올려다보고 있었다.

이 제단이 바로 '뜨란스빠렌떼' 였는데 맞은 편 돔에서 들어오는 빛을 받아 금색의 섬광 조각들이 눈부시게 빛나고 있었다. 자세히 보니 네 명의 대천사들의 모습과 위쪽으로 '최후의 만찬' 을 상징하는 대리석 조각물들이 마치 살아서 움직이듯이 보였다. 문자로 표현할 수 없을 만큼 화려하고 환상적인 제단이었다. 아래서 위로 올려다보기 때문에 각도나 빛이 경외심을 훨씬 더해 주는 것 같았다. 이곳은 스테인 글라스도 유난히 아름답다고 생각하며 대 제단 맞은편에 있는 문으로 들어 가 성가대실 내부를 둘러보았다.

호두나무로 만들어진 수많은 좌석들이 상부와 하부로 나뉘어 있었다. 하부 좌석 의자의 등 받침에는 그라나다 제국(이슬람 제국) 정복 전쟁의 54개 장면이 정교하게 조각되어 있었다. 역사적인 의미와 함께 고전적인 아름다움을 느끼기에 충분했다.

상부의 대리석 열조 사이에도 예술적인 부조 상들이 있고 중앙에 약간 높여져 있는 대 주교석 위에는 알론소 데 베루게떼의 최대 작품으로 꼽히는 《예수 변모 상》이 있었다. 얼굴이 해와 같이 빛나고 옷은 빛과 같이 희게 된 변화 산의 예수님 모습을 상상하곤 했는데 오늘 내 눈으로 볼 수 있게 해준 작품이었다. 진정한 신비와 참된 영성의 특별한 감동이 오는 것을 느꼈다. 답사라기보다 순례객의 마음이 되었다.

성가대실 중앙에 있는 거대한 독수리 형상의 청동 악보 대가 눈에 띄었고 좌우측 상부에 있는 두 대의 커다란 파이프 오르간도 처음 보는 크기의 오르간이었다. 성가대실 외벽을 둘러싸고 있는 창세기, 출애굽기에 나오는 장면의 일련의 조각상들도 모두 감동의 연속이었다. 가장 고귀하고 높은 존재를 가장 훌륭한 솜씨로 표현하여 전달해주고 있다는 감동이었을 것이다.

대 제단 왼편으로 걸어 가 성물실로 들어갔다. 둥근 천정에 대형 천정화가 시선을 끌었는데 이것이 17세기에 이태리의 루카 지오르다노가 그린 그림으로 내용은 일데폰소 성인에게 제의를 내리는 모습이었다. 수많은 천사들과 인물들이 화려하고도 아름다운 색상으로 약 250㎡의 공간을 채우고 있는 모습은 과연 걸작이었다.

　방 안쪽 정면에는 18세기에 만든 대리석 제단이 있고 위쪽에 엘 그레꼬의 대작 《엘 엑스폴 리오》가 걸려 있었다. 주변에 있는 사람들의 어두운 얼굴들과 달리 평온하고 엄숙한 예수님의 빛나는 얼굴을 바라보며 그 섬세한 묘사에 감탄했다. 붉은 성의와 그 위에 놓인 손, 그리고 여인들의 얼굴 모습은 천재화가의 대작을 보는 즐거움을 한껏 안겨주었다. 그 옆에는 《유다의 입맞춤》이라는 제목의 고야 그림도 있었고 그 외에도 방 안 가득히 유명한 성화들이 전시되고 있었다.

　작은방이 연결되어 들어갔는데 그 안에 있는 그림들을 보고 모두 놀랐다. 거장 엘 그레꼬의 《성의 박탈》과 반다이크, 벨라스께스, 리베라, 루벤스의 대작들이 있었던 것이다.

벨라스께스의 불카노의 대장간

　며칠이라도 머물고 싶은 똘레도 대성당을 나오며 아쉬운 마음을 달래는 방법으로 똘레도 대성당에 관한 책을 사서 가지고 가 두고두고 보기로 했다. 사진을 찍으면 똘레도 성당 전체의 모습이 가장 아름답게 보인다는 곳에서 사진을 찍고, 한 사람이 겨우 지나갈 수 있을 정도로 좁은 골목길로 나와 톨레도의 조그마한 마요르 광장을 지나 또 다른 골목으로 걸어 나갔다. 고대 도시의 전형답게 건물 사이가 좁고 골목골목으로 통했다. 오르고 내려가는 길이 가파른 길이었지만 도로 바닥은 작은 돌들을 박아서 만들어져 있었다.

엘 그레꼬

다음 코스는 엘 그레꼬의 《오르가스 백작의 매장》이라는 그림이 있어 유명한 산토 토메 교회였다. 이곳도 줄을 서서 기다려야할 정도로 인파가 넘쳤다. 오르가스 백작은 신실하고 인망이 높았던 톨레도의 귀족으로 사후에도 자신의 재산이 하나님 섬기는 일에 쓰일 수 있도록 유언을 남긴 사람이었다. 1323년, 오르가스 백작이 죽은 후, 그를 매장하는 순간에 하늘에서 성 스테파누스와 성 아우구스티누스가 날아 내려와 백작의 유체를 묘에 인장했다는 전설이 내려오고 있다.

시간이 흐른 뒤 1586년, 그 전설을 소재로 엘 그레꼬에 의해 《오르가스 백작의 매장》이 그려지게 되었고 완성되기까지 약 9개월이 걸렸다고 한다. 그림은 매장 식에 참석한 시민들과 그들의 머리위로 영의 세계가 펼쳐져 백작의 혼이 갓난아이 같은 형태로 천사들에 의해 운반되고 있는 내용이었다. 작품 속에는 엘 그레꼬 자신이 우리를 바라보며 서있고 그의 아들도 그려 넣었음을 보고 웃기도 했다.

스페인의 대표적인 고전주의 화가였던 엘 그레꼬는 당시 베네치아 령이었던 그리스 크레타 섬에서 태어났으나 36세 부터 73세로 숨을 거둘 때 까지 똘레도에 정착하여 살았다. 신앙심이 아주 깊었던 그는 자연적인 형태와 색체를 과감하게 무시하고 사실성보다 극적인 감동을 창조하는 화풍을 개척하여 특이한 발상과 묘사력으로 많은 종교화와 초상화를 남겼다.

엘 그레꼬의 더 많은 작품들은 1906년 개관한 엘 그레꼬의 집, 즉 그의 박물관에서 만났다. 이 집은 실제로 그가 거처하던 곳은 아니고 그를 기념하기위해 그레꼬가 살던 곳 부근에 나라에서 주선해 준 집이라 했다. 들어가 보니 그의 마지막 시기 작품으로 유명한 대작 《똘레도의 지도》앞에 많은 사람들이 몰려있었다. 그림 속에는 한 젊은이가 자세하게 그려진 지도를 들고 있으며, 하늘에는 성모 마리아가 천사에 둘러싸여 똘레도 시내로 내려오고 있었다.

또 하나 감동을 받은 작품은 베드로가 예수님을 세 번 부인한 후 눈물을 흘리고 있는 모습을 그린 《베드로의 눈물》이었다. 베드로의 참회하는 얼굴이 너무나 사실적으로 묘사되어 감탄스러웠고 그의 왼팔에 걸려있는 천국 열쇠까지는 이해가 되었는데 어두운 배경과 쓸쓸한 뒷모습을 보이며 저만큼 걸어가고 있는 또 한 사람의 의미는 무엇일까, 생각하게 만들었다.

오늘 점심은 드디어 그 유명한 요리, 꼬치이요 아사도를 먹어 보았다. 생후 14일~30일 정도 된 새끼돼지를 통째로 구어 마늘을 군

엘 그레꼬의 베드로의 눈물

데군데 끼우고 소금과 후추를 뿌려 굽는 요리였다. 새끼돼지라 육질이 연하고 담백한데 너무 어린 돼지라고 생각하니 와인까지 곁들여 대접을 받아도 안됐다 싶고 맛이 좋은 줄도 모르겠다. 인간은 입맛에 좋으면 아무리 어린 것도 아랑 곳 없다는 것 아닌가, 얼마나 맛이 있으면!

옛날에 영어책에서 읽은 글 중에 새끼돼지 고기를 맨 처음 먹게 된 사람들의 이야기가 생각났다. 마을에서 멀리 떨어진 농가였다. 처음엔 그 농가의 돼지 집에 우연히 불이 났고 그 속엔 태어 난지 얼마 안 된 새끼돼지들이 있었다는데 어찌된 일인지 그 후엔 정기적으로 그 돼지우리에서 불길이 솟아오르게 되었다는 것이었다.

휴식을 취한 후 더위에 땀을 흘리면서도 중세풍의 건물들이 가득 찬 골목 길 사이사이를 즐겁게 걸어 다녔다. 즐비한 상점들이 중세 기사들이 전투에 사용했을 법한 창검 모형과 금세공을 이용한 기념품들, 은은한 파스텔톤의 도자기 인형들을 팔고 있었다. 기념품으로 변신한 돈끼호떼와 산초도 적지 않게 만날 수 있었다.

뜨거운 태양 아래 제법 먼 길을 걸어 성곽을 벗어나 긴 다리를 건너 도시 전체가 한눈에 들어오는 전망 좋은 자리에 모여섰다. 모두 말없이 눈앞에 펼쳐진 풍광을 바라만 보고 서 있었다. 우리 눈앞에 옅은 파스텔 타일의 똘레도가 파란 하늘 아래 푸른 나무들을 가득 안고 흐르는 타호 강의 보호를 받으며 서 있었다.

중앙에 높이 솟아있는 첨탑의 대성당, 알카사르 성, 베르반도 성,

르네상스식 궁전들, 성곽들, 과연 잠시 할 일을 하기로 하고 이곳에 왔던 화가 엘 그레꼬를 그의 생의 마지막 날까지 붙잡아두었던 도시, 세르반테스가 돈끼호떼를 탄생시킨 유적다웠다. 태양의 각도에 따라 시시각각 변화하는 그 아름다운 모습을 바라보며 어둠이 내리는 순간까지 지켜보고 싶었다.

이제 우리는 현재 스페인의 수도이며, 위치도 스페인의 한 중앙인 마드리드를 향해 달렸다. 1469년 카스티야왕국과 아라곤왕국의 통합으로 스페인이 통일된 후, 1556년 왕으로 등극한 펠리페 2세는 똘레도가 지형적으로 외적 팽창이 어려운 지역이라고 판단하고 수도를 "물이 고이는 곳"이라는 뜻을 가진 마드리드로 옮겼다.

마드리드

17:30, 8월의 뜨거운 태양을 받으며 달려 간 마드리드에서 먼저 찾아 간 곳은 그랑비아 대로 끝 쪽에 있는 스페인 광장이었다. 1916년, 스페인의 대표적인 작가 세르반떼스의 사후 300주년을 기념하여 만들어진 광장이라고 했다. 숲이 둘러싸여있는 너른 광장은 시원한 바람이 감돌고 광장 한 가운데 커다란 분수가 있었다.

그 뒤로 높은 곳에 세르반떼스의 석상이 보이고 석상 뒤로 더 높은 탑이 보였다. 탑 꼭대기에는 여러 사람들이 지구를 이고 독서에 열중하는 모습의 조각 작품이 있었는데 세르반떼스의 돈끼호떼를 전 세계 민족이 애독해왔다는 뜻이라 했다. 가까이 가 보니 석조 탑

마드리드 그랑비아 대로의
스페인 광장

오벨리스크 중앙에는 흰색의 세르반테스가 위엄 있게 자리하고 앉아 자기 작품 속의 주인공들을 내려다보고 있었다.

그의 석상 아래에 검은 색의 돈끼호떼가 호기스럽게 한 손엔 긴 창을 들고 다른 한 손은 번쩍 치켜들고 그의 애마 로시난테 위에 앉아 있고, 그 옆에는 산초 판자가 씩씩한 모습으로 나귀 위에 앉아 있었다. 동상이지만 다정다감하면서 무모하기도 한 순박한 우리 모두의 기사 돈끼호떼를 만나니 반가웠다.

아직도 따가운 햇살을 받으며 늠름하게 서있는 돈끼호떼와 산초의 동상을 넣어 기념사진을 찍고 키 큰 나무 아래 나무 잎 그늘을 안고 있는 벤치에 앉아서 잠시 쉬었다. 이 나라는 어디에 있든 큰 광장의 이름은 스페인 광장이라고 붙이는구나 생각했다. 맨 먼저 보았던 로마에 있는 스페인 광장은 그 중 작은 광장인 셈이다.

숙소를 향해 이동하며 작년에 폭탄 테러로 179명이나 사망했던 사고의 현장 아토차 역을 지나갔다. 철재 아취형의 건물은 아직도 완전히 복구되지 않은 모습이었다.

마요르 광장

TRYP ATCHA 호텔에 도착하여 짐을 풀고 저녁 식사를 한 후, 피곤한 줄도 모르고 삼삼오오 짝을 지어 마요르 광장을 향해 서둘러 걸어갔다. 길가에는 지저분한 낡은 집들이 불규칙하게 상가를 이루고 있었다. 스페인의 도시는 대부분 마요르 광장을 중심으로 형성되

규모와 건축 기술이 뛰어난 유적지인 마요르 광장

어 있지만 특히 마드리드의 마요르 광장은 그 규모와 건축 기술면에서 손꼽히는 유적지라고 했다.

입구로 들어가니 17세기에 지었다는 4층 건물들이 광장을 직사각형으로 둘러싸고 있었다. 광장 한 가운데에는 펠리페 3세의 기마상이 눈부신 햇살을 받으며 서 있고 광장 사방에 있는 노천카페는 빈 의자가 없을 만큼 사람들이 북적이고 있었다.

이 광장은 19세기까지 각종 공연장, 왕가의 결혼 행사장, 마녀재판과 사형장, 투우장등 다양하고 이채로운 행사의 장소로 이용되었다한다. 우리는 천천히 한 바퀴 돌아보기로 했다. 북쪽에 있는 건물에는 시계탑이 보이고 건물 벽에는 세르반떼스 등 마드리드를 대표하는 문인들의 초상화들과 그리스 신화를 그려놓은 야한 벽화들이

남아있었다.

  1층 건물에는 대개 식당과 기념품 상점들인데 들어가 보니 크지 않은 매장에 투우를 상징하는 소, 투우사, 플라멩꼬 무용수 인형들, 총, 칼 등 상품들이 많았다. 마드리드라는 글자가 또렷하고 검은 소가 그려있는 하얀 종을 골랐다. 왕궁이 있는 쪽으로 내려가니 좌우에 오래된 식당들이 즐비했다. 헤밍웨이가 자주 왔다는 식당, 이런 식의 유명세를 가지고 있는 식당도 더러 있었지만 대부분 소박하고 아담한 모습의 식당들이 손님을 부르고 있었다. 그러나 밤낮으로 더위에 시달리는 우리가 문을 밀고 들어 간 곳은 생수를 파는 대형 슈퍼마켓이었다.

(08, 03, 수요일)

프라도 미술관

화창한 아침, 오늘은 세계적인 미술관에 들어 가 세계적인 화가들의 작품을 감상하는 호강을 누리는 날이다.

드디어 에스파냐가 세계에 가장 자랑하는 프라도 미술관(박물관)에 가는 것이다. 파리의 루브르 박물관, 런던의 대영 박물관과 함께 세계 3대 미술관에 속하는 이 미술관은 회화 6000점을 소장하고 있는 유럽 굴지의 회화관 이다. 중세에서 18세기에 이르는 그림들과 특히 스페인 3대 화가인 엘 그레꼬, 벨라스케스, 고야의 작품을 만날 수 있다하니 미리 가슴이 두근거렸다.

입구에는 많은 사람들이 분비는 것 같지 않은데도 줄을 서서 기다려야했다. 정한 수의 관람객만 입장시키기 때문이었다. 무릴로의 문으로 들어가 그라운드 층부터 바닥에 그려놓은 동선을 따라 갔다. 소장품 중에 3000점을 전시하고 있다고 하지만 다 볼 수 없을 것 같아 꼭 보고 싶어 메모해온 그림들을 찾아가며 보기로 했다.

반 데르 바이덴의《십자가 하강》, 엘 그레꼬의《가슴에 손을 얹은 신사》, 프라이 안젤리코의《수태고지》, 고야의《카르로스 4세와 그 가족》,《옷 입은 마야》,《옷 벗은 마야》, 보쉬의《쾌락의 정원》, 호세 리베라의《후회하는 막달라 마리아》, 디에고 벨라스께스의《라스 메니나스》《브레다 성(城)의 항복》등을 보았다. 특히 17세기 스

고야의 카를로스 4세와 그 가족

페인 화단의 최고 작가로 꼽히는 벨라스께스의 《라스 메니나스(시녀들)》앞에 많은 사람들이 서 있었다.

벨라스께스는 1599년 세비야에서 태어났으며, 1660년 마드리드에서 세상을 떠난 궁정화가였다. 그는 르네상스와 매너리즘 및 바로크의 흐름이 혼합되면서 르네상스 시대 이후 스페인 미술이 세계적으로 높이 평가받는 계기를 마련한 화가로 평가받았다. 그의 작품은 매우 정밀하고 사실적으로 관찰함은 물론, 사물과 대상을 본 후에 그것을 바탕으로 주관화하여 작품에 표현함으로 현대성을 지니며, 이것은 20세기를 통해 발전한 초현실주의의 기반이 되고 있다고 했다.

그의 작품《라스 메니나스》는 호화스럽게 차려입은 공주와 난쟁이 한명이 관객을 바라보고 있는 그림이었다. 그림의 왼쪽 가장자리에는 사람 키보다 더 큰 그림이 있고 화가 자신이 커다란 캔버스 앞에서 거울에 비치는 국왕과 왕비를 그리고 있는 모습 같았다. 그러나 이 그림은 우리가 바라보는 공간이 거울에 비친 모습을 그린 것이라는 이해하기 어려운 설명을 들었다.

관찰에 대한 관찰이라는 원칙, 작품 구성의 이중성과 작가 자신의 작품 참여는 획기적이었다. 또한 작가의 의도에 따라 작중 인물의 세밀도를 다르게 나타내고 있는 인상주의적 양상, 여기에 여러 곳에서 들어오는 빛을 통해 그 효과를 극대화하고 있다는 것 등 그의 그림이 각광을 받기 시작한 여러 가지 이유를 알게 되었다.

2층의 고야 전시실에서 그의 작품 다수를 볼 수 있었다. 사라고사에서 금세공의 아들로 태어난 고야(1746~1828)는 바로크의 전통 위에 신고전주의와 함께 로코코 형식의 그림을 보여주는 화가다. 당시 궁정화가로 있던 프란시스꼬 바예우의 제자가 되어 화가가 되었고 왕의 가족과 귀족들의 초상화를 많이 그렸다.

특히 같은 여성이 같은 포즈를 취하고 있는 그의 두 '마하'를 비교하며 감상할 수 있어서 재미있었다. 마하라는 이름은 물론 어떤 특정 여성의 이름이 아니라, 당시 스페인의 서민 계층 여성으로 멋을 부리며 분방하게 생활하는 여성을 통틀어 가리키는 명칭이라고 한다.《옷 벗은 마야》그림은 기존의 누드화가 신화에서 가져온 반면, 대상이 현실 속의 인물이라 당시에는 큰 센세이션을 일으킨 그림이었으며 1900년 까지 외부에 공개되지 않은 채, 약 100여 년 동안 감춰졌었다는 얘기도 들었다.

당시 사회를 풍자하고 있는 《결혼식》이라는 제목의 그림도 고야의 특징을 잘 보여 주었다. 결혼식 주인공인 신랑의 못생긴 얼굴과 젊고 아름다운 신부의 모습, 검정색 옷을 입은 사제의 가슴으로 들어가는 손, 신부 아버지의 화려하지만 어색한 복장, 그리고 천진난만한 아이들의 즐거운 모습은 동서고금에 여전히 존재하는 풍자적인 얘기 아닌가. 오른 쪽의 아이들로부터 왼쪽 끝의 노인까지 한 인간의 변해 가는 모습을 그린 것, 중요한 인물은 보다 선명하게 중요하지 않은 인물은 흐릿하게 그린 것도 알게 되었다.

노년의 고야가 나폴레옹 군대의 만행을 그린 《몽끌로아의 총살》 앞에 잠시 서 있었다. 이 그림은 20세기에 등장할 표현주의에 지대한 영향을 끼친 그림으로도 유명한데 긴 총대를 겨누는 군대들과 이미 총살된 사람들, 죽음 앞에선 민중의 공포와 두려움에 떠는 모습을 너무나 생생하게 묘사하였다. 한 폭의 그림으로 폭력적 역사를 무섭게 고발하고 있다는 느낌을 받았다.

특히 보쉬의 가장 뛰어난 작품으로 알려진 《쾌락의 동산》은 나에게 깊은 감동을 주었다. 1500년에 그린 유채화인데 세 폭의 제단화로 구성되어있다. 왼쪽 패널에는 에덴동산의 아담과 이브, 그리고 천지창조의 순간을 보여주는 신비로운 풍경들, 수많은 동물들이 평

프라도 미술관에 서 있는 고야 기념비

화롭고 아름다운 모습이다. 가운데 패널은 쾌락적인 것만을 즐기는 나체의 인간 군상들이 복잡하고 혼란스럽게 얽혀있고, 오른쪽 패널에는 아비규환의 지옥도로 음산한 기운의 검붉은 색체가 화면 전반을 채우고 있다.

이 세 개의 패널은 독자적이면서도 상호적인 의미를 암시하고 있었다. 원죄가 결국 인간을 통하여 영원히 반복되고 있음을 보여주고, 현실의 쾌락만을 추구하는 인간의 최후에는 지옥의 심판이 기다리고 있음을 상징적으로 보여 주고 있다. 잘 알고 있던 단순한 주제였지만 인생으 많은 부분을 이미 살았다고 생각해서 그런지, 많은 사람들의 삶을 보았기 때문인지 이 그림이 주는 메시지가 가볍지 않았다. 그림 전체가 한 눈에 들어왔고 오래 오래 기억할 수 있을 것 같았다.

무릴로의 《무원죄의 잉태》는 오래전부터 보고 싶었던 작품으로 반가웠는데 무원죄라는 단어가 어쩐지 서늘한 느낌을 주었다. 대가들의 진품들을 마주하고 서서, 글자그대로 예술의 진수를 흡족히 느끼고 충족한 기분으로 미술관을 나왔다. 북쪽 출구에는 고야의 자그마한 검은 빛 동상이 서 있었다. 고야의 동상을 바라보며 미술에 대해 문외한인 나에게 이번 여행은 참으로 상상 외의 행운이라는 생각을 하고 있었다.

소피아 미술관

다음에 찾아 간 소피아 미술관에는 고야 이후 특히 20세기의 현대 작품들이 우리를 기다리고 있었다. 국립병원을 보수해 1986년 국립 미술관으로 문을 열었다는 소피아 미술관은 건물 바깥에 사면이 유리로 되어 밖이 다 보이는 엘리베이터가 설치되어 있었다. 전시실 공간이 매우 넓어 놀랐는데 작품들의 크기 또한 대작들이었다. 스페인 출신으로 20세기를 이끈 거장들, 피카소, 달리, 미로 등의 보아야 할 작품들이 많았지만 우리는 우선 우리에게 이름이라도 익

피카소의 게르니카

숙한 파블로 피카소의 그림 앞으로 먼저 갔다.

그의 명작《게르니카》는 거대한 방탄유리로 둘러 싸여있었다. 스페인 내전이 한창이던 1937년, 프랑코 장군을 지지했던 히틀러가 3시간 동안이나 무차별 융단 폭격으로 게르니카를 습격해 단 하루 만에 주민 7천 명 중 1600여명이 목숨을 잃고 800여명이 부상당했다. 공화국군이 이 사건을 세계에 알리기 위해 피카소에게 의뢰했고 격분한 피카소가 이 참상을 349x775cm 크기의 대벽화로 그려 파리 국제 전시회에 공개했던 회화였다.

이 그림의 색상은 흑색, 백색, 회색 뿐 이었고, 뚜렷한 선과 분할된 면들이 피라미드를 구성하고 있다. 목이 베여 피투성이로 쓰러진 군인, 죽은 아이를 품고 있는 어머니의 모습, 상처 입은 말, 버티고 서있는 소의 모습이 전쟁의 무서움, 잔인함과 민중의 분노와 슬픔을

사실적으로 전달하고 있었다. 피카소가 '이 그림은 적과 싸우는 공격적이고 방어적인 전쟁의 도구'라고 외치는 소리가 정확하게 들리는 듯했다. 우리는 이 작품 앞에서 한국 전쟁을 회상하지 않을 수 없었고 피카소가 그린 또 하나의 전쟁 고발 작품 《한국에서의 대학살》(210x110cm)을 이야기 하지 않을 수 없었다.

에스파냐의 대표적인 초현실파 화가 살바도르 달리의 그림도 우리의 관심 중의 하나였다. 달리는 1927년 겨울, 파리에서 피카소를 만난 일과 프로이드의 정신 분석학을 탐독한 영향이 그의 일생을 가장 크게 지배했다고 말했다. 여기서 만난 그의 작품 중 가장 인상 깊은 작품은 1925년 작 《창가에 서 있는 소녀》였는데 그의 여동생 안나 마리아의 초상화였다.

그림 속의 소녀는 그림을 보는 우리에게 등을 돌리고 열린 창문으로 바다를 바라보며 서 있었다. 감상자에게 등을 돌리고 있는 특이한 주제는 어떤 특별한 의미가 있을 것이다. 나는 그 그림 앞에서 오래 서 있었다. 열린 창문으로 보이는 바다, 부드럽게 흘러내린 머리의 소녀… 등 구도는 단순했다. 푸른빛은 보통 희망과 평화를 상징한다고 생각하는데 이 그림에서는 무심함, 단절, 우울, 막막한 절망을 표현한다고 했다. 푸른 색조라도 어둡고 단조롭게 칠해 놓으니 또 다른 느낌이 오기도 하지만 역시 이해하기 어려웠다.

달리의 1968년 작 《우주적인 운동선수》는 인간의 신체를 비밀스런 서랍들로 가득 차 있는 모습으로 그려 우리를 놀라게 했고 《기억의 잔재》라는 유명한 작품에는 책상 위로 나뭇가지가 솟아오르고, 나무 위에는 흘러내릴 듯한 시계를 걸쳐놓아 우리를 의아하게 했다. 기상천외한 발상 아닌가? 무의식의 위력인가?

 바쁜 걸음이었지만 또 한 사람 초현실주의자 호안 미로의 작품도 보았다. 그의 그림은 다갈색 마포 위에 검은 선과 흰 선, 초록, 파랑, 빨강 등 원색을 사용하여 새와 별을 소재로 그려놓은 작품들로 색조가 밝고 경쾌했다. 무엇을 상징하고 있는지 다 이해하지 못하지만 내가 좋아하는 새가 나오는 그림이 바라볼수록 좋아졌다.

 화가는 보이는 것만 그리는 것이 아니라 자신의 마음에 있는 것도 그린다고 하니 미술도 사실의 재현 뿐 아니라 철학적이 될 수도 있다는 생각을 하면서 이해의 폭을 넓혀 보았다. 사진도 찍을 수 없으니 한 작품이라도 눈에 더 넣으려고 애를 썼다. 언제 또 이런 기회가 올 것인가! 미술관들을 보고 나오니 마드리드와 스페인이 점점 더 가까이 다가오는 느낌이 들기 시작했다.

태양의 문

 우리는 짧은 시간이었지만 푸에르타 델 솔 즉 '태양의 문'이라 부르는 타원형의 광장에 서 있었다. 이곳이 마드리드는 물론 스페인의 중앙 지점으로 9개의 도로가 방사선으로 뻗어 나가는 원점이다. 마드리드의 문장인 곰상과 시계탑이 있는 이 광장은 1808년 스페인을 침략한 나폴레옹 군에게 최초로 대항하여 싸웠던 장소이기도 했다.

그 후 프랑스로부터 독립하기 위해 그 유명한 게릴라전이 전개되었던 역사적인 장소이기도 했다. 이 광장에서 동쪽으로 뻗은 알 깔라 거리에는 커다란 성당과 수도원, 은행 등 아름답고 역사적인 건물들이 우리 눈을 호사시켰다.

마드리드에 오는 관광객들이 반드시 찾는다는 시벨레스 광장 분수대에는 사자 두 마리가 끄는 수레 위에 위엄 있게 높이 앉아 있는 대리석 조각의 여신상이 오고가는 사람들과 차량들을 지켜보고 있었다. 그리스 신화에 나오는 농경의 신이자 제우스의 어머니인 시벨레스 여신상이었다.

마드리드의 중심대로는 계획적인 도시의 대로를 이렇게도 만들 수 있다는 것을 알게 해주었다. 유럽인들이 스페인은 평생 보아도 질리지 않을 것이라고 말한다더니 그 말이 과장이 아니라는 것이 마드리드에서 확인되었다. 이제 도시 전체가 예술작품이라 할 만큼 유적지, 동상들과 기념물들이 즐비한 마드리드를 떠 날 시간이 되었다.

바르셀로나

오후 15:55, JK 452를 타고 지중해 연안의 항구 도시, 바르셀로나를 향하여 출발했다. 1시간 15분 후, 바르셀로나에 도착하여 나이 지긋한 미모의 여성 가이드의 안내를 받았다. 우리 일행 중 한 사람의 큰 가방이 나오지 않아 50분 쯤 시간이 지체되었다.

바르셀로나는 12세기, 까딸로냐 백작과 아라곤 여왕의 결혼으로 아라곤 왕국이 되었을 때, 그 수도였으며 해운, 수공업, 금융의 중심지였다. 스페인 17개 주 중 까딸로냐 주에 속하는 이 도시는 천혜의 조건을 가진 스페인 최대의 양항으로 "유럽의 꽃"이라 불렸다.

마드리드가 보수적이고 고전적 전통을 가지고 있다면 스페인의 제2의 도시, 바르셀로나는 20세기의 도시라고 했다. 지중해를 중심으로 이루어진 해상권을 지중해 주요 도시들과 나누면서 성장한 항구도시로 외부와 접촉이 많았고, 위대한 건축가와 예술가가 많이 배출되어 진보적이고 현대적인 도시로 만드는 원동력이 되었다고 한다.

가이드는 까딸루냐 주에 대한 설명도 많이 했다. 바르셀로나를 중심으로 하는 까딸루냐 지역은 스페인 중앙에서 벗어나 독립하기를 원할 만큼 지리적으로 역사적으로 유럽에 가깝다는 것이다. 특히 까딸루냐 사람들은 프랑스어를 선호하며 학교에서도 공식어인 까스떼아노 대신 까딸란어를 따로 지정하여 가르친다고 했다.

그들은 스스로에 대해 자부심이 강하고 열심히 일하며 합리적이고 생산성이 높은 삶을 영위하고 있다고 내세우고 싶어 한단다. 하긴 세비야 사람들은 춤추고 노래하면서 인생을 즐기지만, 바로셀로나 사람들은 일하면서 이들을 먹여 살린다는 얘기도 들은 기억이 났다.

바르셀로나의 위도는 우리나라 평양과 같고 지형은 부산과 비슷

람블라스의 평화의 광장을 지나 멋진 다리를 건너면 바르셀로나 항구가 나타난다.

하게 가파른 산을 뒷 배경으로 하고 있으며 항구이기 때문에 다습하다고 했다. 봄가을이 뚜렷하지 않고, 평균 여름에는 24도, 겨울에도 11도로 따뜻한 이 도시, 바르셀로나 항구에는 17층짜리, 15만 톤급의 큰 배가 자주 들어와 한번에 3000명의 관광객을 쏟아 놓곤 한다니 놀랍고 부러운 얘기였다.

 호텔에 체크인하고 나니 저녁나절이었다. 우리는 서둘러 시내 답사에 나섰다. 가장 먼저 간 곳이 바르셀로나 시가의 중심인 람블라스 거리였다. 파리의 샹제리제 거리와 비교할 만한 아름다운 보행자의 거리라는데 어떤 모습인지 보고 싶었다. 울창한 가로수들이 차도와 인도를 구분하고 있는데 양쪽 갓길이 일방통행 차도고 차도의 세 배 넓이나 되는 중앙 부분이 보행자 도로로 만들어져 있었다. 원래는 이곳에 작은 시내가 흐르고 있었다는데 지금은 사람들로 넘치는 거리가 되었다.

경쾌한 음악이 흐르는 거리에 수많은 사람들이 물이 흐르듯 걷고 있었다. 임시 판매대 같이 만들어 놓은 꽃 가게, 작은 책 방, 기념품 가게마다 사람들이 붐비고 노천카페도 대 만원이었다. 세상과 멀리 떨어진 다른 세상에 온 것 같았다. 우리는 걸어서 걸어서 이 거리의 남쪽 끝인 프에르타 데 라파스까지 갔다.

이 광장에서 높다란 탑 위에 서 있는 콜럼버스의 동상을 보았다. 까마득히 높은 탑 꼭대기에 서 있어서 조그맣게 보였는데 그의 오른손은 지중해를 가리키고 왼손에는 아메리카의 토산품인 파이프를 들고 있다고 했다. 1888년에 세운 이 콜럼버스 탑은 높이가 50m나 되고 이 탑 안에는 엘리베이터가 설치되어 타고 올라가면 바르셀로나 항과 람블라스 거리가 한 눈에 보인다고 했다.

생동감 넘치는 이국 풍경에 배고픈 줄도 모르고 걷다보니 노란색 둥근 공 모양의 가로등에 불이 들어오기 시작했다. 저녁 식사는 한식으로 먹고 싶어 여기 저기 찾아다녔으나 실패하고 늦은 저녁 겨우 중국식당을 발견했다. 늦은 저녁 배고픈 우리가 찾아 낸 식당은 중국집이었다. 볶은 밥 종류를 먹었는데 정말 맛있었다. 중국식당이 그 만큼 고마운 적은 없었다.

높이 50m의 탑 위에 콜럼버스가 지중해를 가리키고 있다

국립박물관에서 바라보는 바르셀로나 시가
중앙에 환상적인 쇼를 보여주는 둥근 분수대가 있다

식사 후, 바르셀로나 시가 1929년 세계엑스포를 개최하면서 관광객들을 위해 만들었다는 프로젝트, 분수 쇼를 보기위해 지하철을 타고 에스빠냐 광장에서 내려 몬 주익 언덕으로 갔다.

이미 어두워진 거리에 많은 사람들이 물밀듯 밀려들고 있었다. 저 멀리 언덕위에 조명을 받으며 아름답게 서 있는 왕궁이 보이고 쭉 뻗은 도로 양편에는 둥근 꽃송이 같은 수십 개의 하얀 분수들이 탐스러운 분수의 물결을 이루고 있었다. 정확한 간격으로 울려 퍼지는 탄성 소리가 터져 나오는 중앙 분수대를 찾기는 쉬웠다. 왕궁의 테라스에서부터 폭포수 같은 물줄기가 쏟아져 계단으로 흘러내리고 있었다.

우리는 중앙 분수대 앞에서 기다리는 수많은 사람들 사이사이로 밀고 들어가 가장 잘 보이는 곳에 자리 잡고 앉았다. 드디어 9시, 갑자기 분수에 조명이 들어오고 몬 주익이 떠나갈 듯한 음악이 울려 퍼지면서 오색찬란한 빛의 물줄기가 솟아올라 신나는 춤을 추기 시작했다. 경쾌한 클래식 선율에 맞추어 오르내리는 거대한 분수는 붉은 장미꽃 송이를 피우기도 하고 용암같이 솟아오르는 높은 산을 만들어 내기도 했다. 다음 순간 핑크빛 왕관이 떠오르더니 파란 파도가 일렁이는 바다로, 흰 구름이 떠도는 하늘로 바뀌면서 우리들의 시선을 사로잡았다. 이 물과 빛의 웅장한 쇼는 우리를 어딘가로 끝없이 끌어가고 있었다.

다시 돌아 왔을 때도 아름답고 황홀한 순간의 여운은 오래 갔다.

이 환상적인 분수 쇼를 위해 바르셀로나 시가 약 1억 원의 경비를 들여 공연한다고 했다. 매주 목, 금, 토, 일 밤 9시부터 시작하고 음악도 클래식을 15분 동안 연주하고 쉬었다가 영화음악, 팝 뮤직으로 바꾸어 간다고 했다. 오늘이 목요일이니 내일 밤에 꼭 다시 오자고 약속하며 돌아오다가 경기도 일산 호수 공원에도 이와 비슷한 분수 쇼가 있다는 말을 들었다. 긴 여행이 끝나가지만 지치기는커녕 새로운 곳에 갈 때마다 새로운 힘이 솟아나 밤길을 걷는 발걸음이 가볍기만 했다.

(08. 04. 목요일)

몬세랏 산

이른 아침, 만나는 사람마다 모두 즐거운 인사, 올라! 올라!

높고 푸르른 하늘을 보며 바르셀로나에서 북서쪽으로 60km 떨어진 외곽지로 나가 톱니 모양의 산이라는 몬세랏 산으로 갔다. 에스파냐에 와서 오랜만에 보는 산인데 그 모습이 나무 한 포기 없이 옷을 벗은 듯한 맨몸의 거대한 바위산이 길게 연결되어 있었다. 이 나라 사람들은 1500여개의 험준한 봉우리들이 잇닿아있는 1241m 높이의 이 몬세랏이 까딸로냐를 지켜주는 산으로 신성시한다고 하며 가우디도 이 산에서 영감을 얻었다고 말했다.

그 바위 절벽위에 880년에 세워진 몬세랏 수도원이 우람하게 서 있었다. 버스 주차장에서 내려 수도원으로 걸어 한참 올라갔다. 수도원 입구로 들어가 사람들이 모여 서 있는 곳에서 특별한 성모상을 만났다. 어느 쪽에서 보아도 나를 바라보는 시선을 느끼도록 조각해 놓은 유명한 작품이었다.

그렇다! 항상 나를 바라보는 시선, 언제 어디서나 나를 바라보는 존재에 감사하며 파란 하늘 시원한 바람을 안고 우람하게 서있는 수도원 앞에 섰다. 수도원 앞 광장이 이렇게 넓은 수도원은 처음 보았다. 조용한 한 때 혼자 걸으며 명상에 잠길 수 있다면 이보다 더 좋은 곳은 없을 것 같았다.

몬세랏 산
절벽 위에 서 있는 수도원

우리는 검은 성모상 La Moreneta를 보기위해 성당 안으로 들어갔다. 검은 성모상의 유래를 들었다. 8세기에 이곳에 이미 작은 성당이 하나 있었다. 1025년, 양치기 소년이 비를 피해 들어 간 곳에서 검은 성모마리아의 발현을 보았고 그것을 기념하기 위해 세워진 성모상이라고 했다.

이 지역 까딸로냐의 나무로 조각한 성모상은 나무 색 그대로 검은 얼굴을 하고 있었다. 순례 객들이 경건한 모습으로 줄을 서서 차례를 기다리고 있었다. 중남미 멕시코 과딸루페 성당에서 보았던 검은 얼굴의 성모상이 생각났다. 믿음은 바라는 것들의 실상이라는 성경 구절도 떠올랐다.

몬세라트 수도원은 규칙이 엄격하기로 유명한 베네딕트파 수도원으로 지금도 매일 미사가 열리고 있으며 몬세라트 소년합창단이 성가를 부르는 실제의 수도원이라 했다. 이곳은 교통이 편리할 뿐 아니라 수도원 내에 관광객이 일주일씩 묵을 수 있는 숙박시설까지 갖추어 놓아 수많은 관광객들이 밀려오고 있다는 것이다.

우리는 이 바위산을 오르내리는 후니쿠라를 타고 수도원 맞은편 산으로 올라가 보기로 했다. 걸어서 산으로 올라가는 사람들도 보였는데 우리는 문명의 이기를 타고 후니쿠라 노래를 부르며 짧은 시간에 높이 올라가 갖가지 모양의 이름을 가진 바위산들을 보았다. 굵은 능선을 타고 꿈틀대듯 두루뭉술한 산들은 여러 가지 동물 이름을 가지고 있었는데 그 모양새에 따라 코끼리 산, 사자 산, 어머니와 아들…, 이름과 산들은 정말 그럴듯하게 들어맞았다.

맑은 공기를 한껏 마시고 다시 케이블카를 타고 내려와 관광객을 위한 기념품 상점에 들어갔는데 그 상점들의 크기와 다양하게 개발된 상품에 또 한 번 놀랐다. 성물 외에도 각양각색의 장식품들이 쌓여있는 진열장들, 현대화된 구매 시스템이 대 도시의 백화점 못지않았다. 자세히 살펴보니 상품의 질도 우수하고 가격도 고가가 아닌 것을 보고 이것저것 사고 싶은 마음이 들었다. 수도원을 찾아오는 이들의 주머니를 열기에 성공했다고 하면 표현이 지나칠까?

콜럼버스 동상이 보이고 바다도 보이는 레스토랑에서 스페인 전통요리 빠에야로 늦은 점심을 먹었다. 노란색의 빠에야는 밑이 넓고 높이가 낮은 팬에 쌀과 야채와 홍합, 모시조개, 오징어, 가재 같은 해산물을 많이 넣고 익힌 해물 요리로 우리나라의 해물 볶은 밥 같았는데 치자 물처럼 노란 색깔을 내는 향신료 샤프란을 넣는다고 했다. 그러나 우리들은 이 특별한 음식보다도 바르셀로나 항구의 풍경에 관심이 더 많았다. 수없이 많은 대형 선박들이 떠있는 햇빛 반짝이는 바다가 이 도시를 멋있는 도시로 만들고 있었다.

피카소 미술관

피카소가 청년 시절을 보낸 바르셀로나에도 당연히 피카소 미술관이 있었다. 말라가에서 태어난 피카소는 그림교사를 하던 아버지를 따라 바르셀로나로 나온 것이 14세였고, 23세에 파리에 정착했으니 10년 이상이나 바르셀로나가 그의 그림 공부방이었다.

피카소 미술관은 귀족 저택들이 늘어선 몬 카다 거리의 한 모퉁이에 있었다. 14세기에 건축된 베렌겔데 아가랄 궁전을 수리한 것인데 피카소가 파리로 떠나기 전까지 살았던 곳으로 건물 입구는 평범했지만 규모는 커보였다.

좁은 뜰로 들어가니 많은 사람들이 이층으로 올라가는 층계 앞에 줄을 서 있었다. 이층에 가서도 먼저 온 팀들이 설명을 듣고 관람을 마칠 때까지 기다린 후에 우리가 볼 수 있었다. 피카소의 유년, 소년, 청년 시절의 스케치, 습작, 밑그림들을 다수 볼 수 있었고 노년의 작품들도 볼 수 있어 기뻤다.

목판화, 석판화들, 《라스 메니나스》연작과 《카나루스 부인》을 감상하고 큐비즘(입체파)의 본격적인 시작을 알린 유명한 작품 《아비뇽 거리의 아가씨들》을 보았다. 회화라면 인물이나 정물, 자연 같은 대상을 사실적으로 재현하는 예술이라는 개념을 가진 나에겐 쉽게 이해할 수 없는 그림이었다. 명도가 낮은 검은색, 회색, 탁한 황토색 같은 강열하고 대담한 색채와 직선적인 면의 구성이 아프리카 미술을 떠오르게 했다.

이 작품은 자연이 가지고 있는 3차원의 세계를 평면적 관점이 아닌 입체적 관점으로 표현했고 지금까지 등장한 우아하고 아름다운 요정이나 비너스가 아니라 거리에서 몸 파는 천한 여인이 주인공이 되어서 문명화된 사람들을 향해 울부짖는 분노와 슬픔을 표현하고 있다는 설명을 들었다. 피카소는 회화 데생뿐만 아니라 조각 판화에서도 명성이 나기 시작했었다. 그러던 중 어느 날 그는 인류사 박물관에서 흑인 미술만이 가지고 있는 독특한 생명력에 매료되었고 이것이 큐비즘 미술의 길을 트게 되는 계기가 되었다 한다.

1907년, 그의 나이 26세에 내놓은 지극히 단순하면서 기하학적인 이 그림 《아비뇽 거리의 아가씨들》은 처음엔 혹평을 받기도 했지만 결국 그때까지의 모든 지구상의 회화 세계를 붕괴시킨 충격적인 그림이 되었다고 했다.

삼층으로 올라가 피카소 유년시절 작품들을 보며 피카소만큼 많은 작품과 전시관을 가진 화가가 있을지 궁금했다. 15세에 그렸다는 《첫 성체배령》과 16세 때 그려 마드리드 미술학교에서 수상한 작품, 《과학과 자비》는 소년의 작품이라고 믿을 수 없을 만큼 완벽하게 사실적으로 그려낸 그림이었다. 《첫 성체배령》은 그의 누이가 성채를 배령하는 모습인데 우리 같은 초보자가 보기에도 안정된 그 구도와 명암의 극적 대비, 세밀한 묘사, 탁월한 질감 표현이 감탄스럽고 그 경건한 분위기가 비장감마저 감돌 정도였다. 그는 과연 천재라는 생각이 들었다.

넓은 전시장 외에도 미술품 복원실, 대형 서점도 있었다. 아래층에 있는 서점으로 들어갔다가 너무 많은 사람들이 북적이고 있는 광경에 또 한번 깜짝 놀랐고 피카소의 위력이 어느 정도인지 실감했다. 복제품이지만 피카소의 투우 그림을 나름 고가에 구입하여 보물처럼 포장하여 가지고 나왔다.

피카소가 죽었을 때 남긴 작품은 거의 50,000점이나 되었으며 오늘날 그의 수백억 고가의 진품들은 스페인의 말라가, 바르셀로나뿐 아니라 파리, 워싱턴, 뉴욕, 런던 등 세계 여러 도시의 갤러리에서 성황리에 전시되고 있다. 그는 모든 주제를 망라해서 다루었고 또한 거의 모든 양식을 시험하면서 신 미술을 창조해 내었다. 피카소는 7명의 여인들과 결혼 또는 동거하며 그의 연인이 바뀔 때 마다 작품이 새로워졌던 이야기도 유명하다. 그에게 에로스는 모든 생명력의 근원이며 예술적 에너지의 원천이었다. 피카소는 미의 힘으로 돈과 전쟁과 사랑까지 지배한 천재적인 화가였고 독창적인 예술가였다.

스페인하면 먼저 피카소가 떠오를 정도로 이번 여행은 이 대가의 작품들을 흡족할 만큼 많이 감상하는 기회였고, 그가 미켈란젤로, 셰익스피어, 모차르트 그 이상이라는 평가를 받는 이유를 이해하게 되었다.

가우디의 도시

이제 스페인 예술과 건축의 전통을 세계에 알린 제1의 공신 안토니 가우디의 작품을 보러가는 길이다. 그라시아 거리는 넓고 오가는 차들이 가득했다. 천천히 걷다 보니 환한 낮인데도 가로등들이 눈에 뜨였다. 어디를 가도 있는 가로등이 아니었다. 부드럽게 올라 간 선

그라시아 거리에서 만난 아름다운 이 가로등도 가우디 작품

이 마치 우아한 여자가 아름다운 등을 들고 서있는 것 같은 모습이고 가로등 아래에는 편안한 의자가 자리를 내주고 있었다. 우리는 잠시 그 시원한 세라믹 의자에 앉아 편히 쉬면서 지나가는 차들을 바라보았다. 나중에 알고 보니 이 가로등도 가우디의 작품이라 했다.

그라시아 거리는 신흥 중상층과 식민 자본을 가지고 돌아 온 인디오들(식민지에서 많은 부를 축적한 사람들)이 후원하여 만든 거리답게 화려하고 아름다웠다. 그라시아 거리의 현대적이고 다양한 건축물들을 감상하며 찾아 간 카사 바뜨요는 연이은 건물들 사이에 끼어 있으면서 가장 눈에 띄는 건물이었다. 가우디가 1905년부터 2년 동안 새롭게 개축한 건물이라 했다.

앞에서 보니 벽면에 하얀 원형 세라믹 도판이 붙어있고 청색, 녹색, 황색의 깨진 유리 조각 같은 모자이크들이 반짝이는 정말 특이한 건물이었다. 그 모자이크들은 파도 속에 떠다니는 해초 같기도 하고 작은 동물들 같은 느낌을 주었다. 출입구에는 입장하려고 기다리는 사람들이 줄을 서 있었다. 입장료가 10유로나 되는데 기다리는 사람들이 너무 많고, 또 이 건물은 아침 해가 비칠 때 더욱 아름답다고 하여 우리는 내일 아침에 다시 오기로 하고 물러섰다.

좀 멀리 서서 카사 바뜨요를 다시 바라보니 물결처럼 휘어진 형태의 창문들, 해골 모양으로 꾸민 베란다, 강열한 색상의 유리창이 어린 아이가 그린 그림에나 있을 것 같은 건물이라는 생각이 들 정도로 특이하고 자유로운 모습의 건물이었다.

다시 도심 속을 걸어 찾아 간 가우디의 다른 작품 카사 밀라는 바뜨요 보다 훨씬 더 큰 건물로 6층의 단독 아파트 같은 건물이었는데 여기도 관광객들이 넘치고 있었다. 파도치는 바다를, 미역 같이 부드러운 해초의 이미지를 옮겨 놓은 베란다와 절단된 암벽 같은 느낌을 주는 정면 벽은 그대로 자연의 한 부분 같았다. 알려진 대로 가우디는 직선보다 곡선을 강조하므로 힘찬 생명력을 느끼게 하는 건축가라는 사실을 눈으로 보았다.

건물 밖에 서서 자른 돌들을 자연스럽게 쌓아 올린 벽면의 구성과 모서리 부분의 특별한 디자인을 재미있게 보면서 지루한 줄 모르고 기다리다가 입장료 7유로를 내고 들어갔다. 엘리베이터를 타고 상층으로 올라가 영어 오디오 가이드를 하나 집어 들고 설명을 들어가며 다녔다. 그 당시 중상층 사람들이 살던 거실, 주방, 욕조의 가구와 생활 소품들이 그대로 배치되어 있었는데 의자나 책상이나 창틀, 손잡이, 색깔 고운 타일 장식들에 이르기까지 직선은 하나도 없고 모두 곡선의 형태였으며 안락하고 편안해 보였다. 특이하고 불규칙적인 형식이 오히려 자유로워 보였고 서로 조화를 이루는 모습이 신기했다.

옥상으로 올라가니 바르셀로나의 전경이 다 보였다. 8개의 원추형이 하나로 모이는 독특한 조형물이 인상적이었다. 버섯 같기도 하고 아이스크림이 녹아 흐르는 모습 같기도 한 세라믹 조각으로 장식

파도치는 바다를 연상하게 하는 카사 밀라 전경

된 굴뚝들, 수곡선의 칸막이 아치, 계단, 옥탑 방 하나 하나가 독창적이었고 그래서 재미있었다. 햇볕이 뜨거웠지만 아파트 옥상의 정원 같은 산책로에는 수많은 사람들이 북적대고 있었다. 스케치하는 젊은 학도들, 세세히 살펴보는 관람객들로 걷기가 힘들 정도였다.

  우리는 그늘을 찾아서 잠시 쉬었다. 누가 먼저인지 이 건축물에 대한 지식이 있으면 보여 주는 것을 더 많이 읽을 수 있을 텐데 참 아쉽다고 말하자 모두 웃었다. 위에서 내려다보이는 빛이 가득한 둥근 마당(사각형 파티오 대신)도 무엇인가 의미가 있을 터였다.

  카사 밀라, 이 특이하고 아름다운 건물은 여러 가지 일화를 가지고 있었다. 이 건물을 건축할 당시 바르셀로나 시의회는 그 규모가

독특한 조형물들이 인상적인 카사 밀라의 옥상 산책로

건축법을 위반했다고 건축 허가를 내주지 않아 파괴 될 위험에 빠지기도 했고, 이 건물의 주인이었던 밀라씨의 부인은 남편이 죽은 후 그 다음 날 까사밀라를 나와 다른 건물에 세를 들어 살았다고 한다.

우리가 잠깐 감상하는 것과 그 안에서 매일 살아야 하는 현실 사이에는 많은 차이가 있었던 것 아닐까? 계단으로 내려와 들어 간 1층 기념품 상점에는 사고 싶은 금속 공예품, 그림, 엽서, 문구류, 실내 장식품들이 놀랄 만큼 많았다. 사고 싶은 충동이 강하게 일었지만 가격들이 만만치 않았다.

구엘 공원

다음 목적지는 가우디의 절친한 친구이며 후원자였던 구엘 백작의 이름이 붙은 구엘 공원이었다. 갑부 구엘과 예술가 가우디의 각별한 관계는 1918년 구엘이 죽기까지 40년 동안 계속되었다. 1883년 구엘 가문의 건축가로 임명된 가우디는 구엘과 그의 집안을 위해 35년간 일을 하였다고 알려져 있다. 구엘은 평생의 동반자였던 가우디의 숨결이 느껴지는 구엘 공원에서 눈을 감았다 한다. 구엘 공원은 카사 바뜨요와 카사 밀라와 달리 입장료가 무료였다. 우리는 후문으로 들어가 정문으로 나오는 코스로 관람하기로 했다.

처음에는 이곳에 도시 정원을 구성하고 60여 채의 개인 주택을 지어 분양할 계획이었으나 자금 부족으로 30채만 완성되었고 그 중 실제 분양 신청자는 3명 뿐 이었다고 했다. 그래서 1922년, 바르셀로나 시청이 인수할 수밖에 없었다는데 지금은 이 시에서 가장 인기 있는 명물 공원이 되었다는 것이다.

돌들을 다듬지 않고 자연 그대로의 모양을 살려 아름답게 쌓은 곡선의 돌기둥이 눈길을 끌었다. 수많은 돌기둥들이 야자수 나무처럼 늘어 선 건물로 들어 가 걸어가다 보니 아늑하고 밝은 동굴 속을 걷는 기분이었다. 어디선가 맑은 선율이 들려왔다. 기둥 아래 밝은 곳에 자리를 잡고 바이올린을 연주하는 악사가 있었다. 예술적인 분위기를 느끼며 돌기둥으로 연결된 길을 따라 위로 올라가니 더 넓은 길이 나오고 곳곳에 키가 큰 선인장들이 보였다. 많은 비둘기들이

구엘 공원의 자연석으로 세운 기둥들

구엘 공원의 정문 쪽 모습

모여 모이를 쪼아 먹고 있는 곳으로 아이들이 모여들고 있었다.

위에서 내려다보니 넓은 공원 여기 저기 예쁘고 재미있게 지은 집들이 보였다. 마치 동화의 나라에 온 것 같았다. 짙은 초록색과 흰색만으로 지어 놓은 집, 헨델과 그레텔에 나오는 과자로 만든 것 같은 집, 소보르 빵 같은 벽이 있는 집, 초콜릿이 녹아내리는 것 같은 집, 장난감처럼 아기자기한 작은 집들, 교회, 기념품점이 밝고 진한 색상으로, 그러나 모두 부드러운 곡선으로 그림처럼 서 있었다. 가우디가 20년 동안 살았던 집은 박물관으로 남아있고, 84개의 구부러진 기둥들이 받치고 있는 건물은 쇼핑 홀이라 했다.

정문 있는 쪽으로 나가니 타일 조각이 반짝거리는 계단 한 쪽에 바르셀로나의 상징인 모자이크 도마뱀, 이구아나가 화려한 색깔의 옷을 차려입고 네발에 잔뜩 힘을 주고 엎드려있었다. 두꺼비 같기도 하고 드래건 같기도 한 이 이구아나 분수 주변에는 사진 찍으려는 사람들로 야단법석이었다.

이 계단은 두 갈래로 나눠지다가 각각 또 다른 계단으로 이어져 나가면서 활기찬 조형감과 화려한 색채의 타일 조각들이 독특한 분위기를 만들어 내고 있었다. 계단 양쪽의 둥근 벽 표면에도 짙은 색과 옅은 색의 타일 조각들로 아름답게 장식되어 있었다. 계단을 내려가면 평지 쪽으로 두 동의 예쁜 건물이 보였는데 하나는 경비실이고 다른 하나는 봉사실이라 했다. 높이 올라 간 십자가, 흰색과 청색 타일의 벽, 현란한 색채로 모자이크한 창틀과 지붕으로 눈에 띄

구엘 공원에서 만난
헨델과 그레텔이 떠오르는 집

게 아름다운 이 두 건물은 유네스코 세계문화재로 지정되었다고 했다. 우리는 이 건물을 배경으로 사진을 찍고 세계에서 가장 긴 벤치가 기다리는 공원 광장으로 내려갔다.

물결 모양의 벤치가 둘러싸고 있는 운동장은 정말 넓었다. 벤치에는 화려한 색체의 타일로 모자이크된 발코니(의자 등받이)가 뱀처럼 돌아가며 설치되어 있었다. 두발을 다 올리고 앉아도 남을 정도로 의자가 넓고 편한데다 마침 나무 그늘까지 내려와 앉아 쉬기에 안성맞춤이었다. 동작 빠른 팀원이 매점에서 사가지고 온 아이스크림을 하나 씩 나누어 주며 세상에서 가장 편한 자세로 세상에서 가장 멋진 벤치에서 푹 쉬자고 말했다.

너무 길어서 끝까지 다 가지도 못한 이 모자이크 작품에 활용된 타일들도 모두 공장에서 나오는 부서진 폐타일을 활용했다는 것이다. 가우디는 인부들에게 출근하는 길에 깨진 타일 조각이 있으면 주워오라고 지시하기도 했고 조심스럽게 배달된 베네치아 타일을 받자마자 산산조각을 내 주위에 있던 사람들을 황당하게 만들기도 했다고 한다. 믿기 어렵지만 하여튼 다양한 색의 깨진 타일들이 구엘 공원을 온통 덮고 있는 것은 사실이다. 자세히 보니 나뭇잎, 꽃 모양, 별 모양이 아름답게, 기하학적인 무늬들이 조화롭게 어우러져 있었다. 오늘 하루만 보았어도 가우디가 얼마나 훌륭한 건축가인지, 바르셀로나를 왜 가우디의 고장이라고 말하는지, 그의 작품들이 어떻게 세계 문화유산으로 선정되었는지 그 의문은 충분히 풀렸다.

오늘은 가우디의 건축물 만 관람하면서 하루를 다 보냈다. 안토니오 가우디는 1852년, 지중해의 강렬한 태양빛이 넘쳐나는 카탈로냐 지방의 작은 마을, 레우스에서 가난한 구리세공의 아들로 태어났다. 그는 5살 때부터 관절염을 앓아 제대로 걷지 못하는 병약한 아이였으며 친구도 없이 대부분의 시간을 혼자 '관찰' 로 보냈다 한다. 바르셀로나 대학에서 이공학부를 다닐 때 까지 성적도 별로 좋지 않았는데 시립 건축 전문학교 시절부터 대담하고 혁신적인 설계를 내 놓아 논란이 일기 시작했다. 학업을 마칠 무렵 가우디는 부유한 은행가 출신 건축가 구엘을 만나면서 그의 프로젝트들을 실현시키기 시작했다.

그는 '나의 스승은 곧 자연이다.' 라고 말 할 정도로 자연과 조화를 이루는 건축물을 설계하고자 했다. 심약하지만 상상력이 풍부한 가우디에게 천재적인 성향을 불어 넣어 준 것은 바로 그의 고향의 자연이었다고 말하는 이들이 많다. 그는 여느 건축 거장들과는 달리 개인적인 삶이나 건축관 등 개인사적인 기록을 남기지 않아 초기에는 온갖 억측이 난무하기도 했다. 그는 어떤 책도 출판하지 않았고 어떤 강연도 한 적이 없을 만큼 그의 생애가 곧 건축이었다.

어느 특정한 분야나 전통적인 양식에서 멀리 독창적으로 새로운 것과 특이한 것을 쫓는 그의 의식적인 노력을 천박하다고 경멸하는 사람들도 있었다. 그러나 몇몇 혁신적인 근대 건축가들에 의해서 마침내 그의 천재성이 인정되었고 그의 위상이 회복되었다.

그는 일평생을 바르셀로나에서 수도자 같이 독신으로 신과 건축을 위해서만 살았다. 특히 마지막 10년은 성가족 교회 작업실에서 인부들과 숙식을 함께하며 설계와 시공에 전념했다. 1926년 성가족 교회의 현장에서 집으로 돌아가던 중 차에 치여 숨졌을 때 빈민병원으로 실려 간 남루한 그를 알아보는 이가 없었다고 한다.

그러나 그의 장례행렬에는 끝이 보이지 않는 추도자의 줄이 이어졌고 그는 자신의 마지막 혼을 불태운 성가족 성당의 지하 납골당에 안치되었다. 그는 지금도 자신이 구상한 교회가 완성되어 가는 모습을 지켜보고 있을 것이다. 건축가 가우디는 죽어서 오히려 그 빛을 발하고 있다고 했다. 다음날 더 많은 그의 작품들을 만날 것을 생각하니 기쁨과 기대에 들떠 잠이 오지 않았다.

(08, 05 금요일)

몬주익 공원

오늘은 바르셀로나 시가를 자유롭게 답사하는 날이었다. 바르셀로나 시내 지하철은 5개 노선인데 대부분 관광 명소가 지하철역에서 도보로 10분 안의 거리에 있으며 데이 패스를 사용하면 하루 동안 지하철, 버스를 무제한으로 이용할 수 있다고 했다.

아침 일찍 둘씩 셋씩 짝을 맞추어 호텔을 출발했는데 걸어 다니며 세세히 보면 좋겠지만 한정된 시간 안에 더 많은 것을 보기위해 새로운 목적지로 옮길 때는 택시나 지하철을 이용하기로 하였다.

먼저 1992년, 바르셀로나 올림픽의 중심지 몬 주익 언덕으로 가 보았다. 올림픽 주경기장으로 들어가 낯설지 않은 스타디움에 서서 육상 경기장을 내려다보았다. 우리들은 1992년, 올림픽 마라톤에서 황영조 선수가 1등으로 들어오던 그 날의 감격을 떠올리며 신이나 큰 소리로 대한민국을 연호했다. '대한민국 ♪♪♪ ♪♪!' '대한민국 ♪♪♪ ♪♪!'

밖으로 나와 몬 주익 언덕의 공원으로 걸어갔는데 차가 많이 다니는 길가에 예쁘게 만든 우리 공원이 있었다. 커다란 바위에 금메달리스트 황영조가 힘차게 달리는 모습을 조각해 놓은 것을 보니 반갑고 자랑스러웠다. 경기도의 지사이름도 보았는데 손기정 선수 이후 처음으로 올림픽에서 마라톤 금메달을 받은 기념으로 우리나라 경기도에서 그 땅을 사서 만들어 놓은 공원이라 했다. 우리는 잔디밭에서 잡초를 뽑아주고 사진도 찍으며 매우 즐겁고 뿌듯했다. 분수쇼로 우리를 놀라게 했던 국립박물관 쪽으로 내려 왔다. 낮에 보는 분수대는 현란한 춤을 추던 여인이 깊이 잠들어 있는 모습 같았다.

분수대에서 왼쪽으로 한참 걸어서 스페인 민속촌, 뽀쁠라 야스빠놀에 입장했다. 스페인 전역의 다양한 건축 양식을 볼 수 있는 116개의 집들이 중심 광장에서 방사형으로 배열되어 있었다. 관광객이 우리들뿐이라 조용했고 친절한 안내를 받을 수 있었다. 이곳에 상주하는 젊은 공예가들이 작품을 만들고 있는 모습도 보고 전시관에서 현대적인 글라스, 세라믹 작품도 볼 수 있었다. 기념품 가게도 있어서 전통적인 의상, 기념 티셔츠, 다양한 조각품들을 살 수 있었다. 오래 걸어서 다리가 아팠지만 아직 우리가 보지 않은 아주 중요한 곳이 남아있어 지체할 수 없었다.

사그라다 파밀리아

마요르까 거리에 신 고딕 양식으로 세워지고 있는 성 가족 교회 사그라다 파밀리아에 도착했다. 19세기 내내 바르셀로나에서는 진보의 이름으로 많은 교회들이 무너졌고, 19세기 말경에 옛 고딕성당의 이념을 되살린 사그라다 파밀리아라는 기념비적인 교회가 세워지기 시작했다.

1883년에 가우디가 사그라다 파밀리아의 건축을 처음 맡았는데 그는 성당을 지어가면서 교회의 가치를 깨닫고 1918년 이후부터 40년 동안 오로지 이 교회에만 전념했다. 성가족 즉 예수, 마리아, 요셉을 모든 그리스도교 가족의 모델로 하겠다는 구상을 가지고 시작한 이 교회는 속죄의 성격을 지니고 있다.

사그라파 파밀리아

오로지 자선과 기부로만 재정을 충당하기로 되어 있었고, 현재도 세계 각국에서 찾아오는 이들이 교회 안에 설치되어있는 헌금함에 넣는 돈으로 공사가 계속되고 있다는 것이다. 하루에 입장료가 천만 원이 넘는다고 하니 믿기 어렵지만 글자 그대로 만인의 교회라는 의미가 충분했다. 이 시대에 이 특별한 교회가 주는 특별한 메시지가 분명히 있을 것이다. 무엇일까?

오늘도 까마득히 높은 곳에 크레인들이 바쁘게 움직이며 건축 공사가 진행되고 있음을 보여주었다. 카메라 렌즈 안에 성당의 모습을 다 넣어 보려고 뒤로 뒤로 물러섰지만 불가했다. 하늘로 솟구치는 거대한 불꽃을 연상시키는 종탑의 끝 부분은 어떻게 장식했는지 눈으로 식별하기 어렵게 높았다. 교회의 사방 파사드의 조각 작품들을 찍어 보려고 카메라 줌을 확대했더니 예상 외로 놀라울 만큼 또렷한 모습들이 눈에 들어 왔다. 성령의 흰 비둘기, 십자가상의 예수님, 베로니카 수녀, 그리고 다른 면에는 예수님의 탄생, 수난, 신의 영광 등 성서의 장면들과 가르침이 아름답게 구체적으로 전달되고 있었다. 한마디로 돌로 만들어진 성서였다. 그 성스러움과 아름다움에 비장미가 느껴졌다.

　건물 내부에는 엘리베이터가 있어 타고 오르내릴 수 있고 지하 성당에는 교회 건축에 관한 자료들을 전시해 놓았다고 했다. 1882년 3월 19일 공사를 시작하여 오늘까지도 계속되고 있으며 앞으로 완성까지는 100년~200년이 더 걸릴 것이라고 했다. 현재 완성된 부분은 지하 성당과 그리스도 탄생을 주제로 만든 안쪽의 107m 높이의 쌍 탑과 그 양측의 98.4m 높이의 탑이다.

　높은 산들을 연상시키며 계속 솟아오르고 있는 이 웅장한 교회가 완성되면 전체 높이 170m의 중앙 탑과 성모 마리아를 상징하는 140m의 뽀족탑이 하나 더 올라갈 것이라고 했다. 이 성가족 성당은 과연 완성된 모습을 보일 수 있을까? 백년이나 이백년 후에는 다시 어느 한 곳에서는 보수 작업이 시작되고 있는 건 아닐까? 그래서 영원히 미완성의 교회가 완성을 향하여 갈 수도 있겠다는 생각이 들었다.

　이 미완성의 건물을 보기위해 세계 각지에서 모여든 관광객들이 얼마나 많은지 발걸음을 옮기기가 어려울 정도였다. 교회 밖에 있는 기념품 상가에도 사람들이 너무 많아 이리저리 밀려다니다가 엽서와 부채 몇 개를 사는데도 시간이 상당히 걸렸다.

바르셀로나 대성당

나는 빨간색 부채를 펼쳐 부채질을 하며 여전히 뜨거운 태양의 열기가 후끈거리는 거리로 나왔다. 일행들과 만나기로 약속한 바르셀로나 대성당을 향해 걸어갔다. 중세의 거리에 서 있는 고색창연한 이 성당도 1298년에 시작하여 150년 만에 완성된 길이가 93m, 폭이 40m, 첨탑 높이는 70m나 되는 거대한 성당이었다.

로마시대에 바르셀로나에서 순교한 에우랄리아의 유체가 보존되어 있는 성당으로 유명하다고 했다. 13세의 에우랄리아가 옷이 벗긴 채 광장에 던져졌을 때는 봄이었는데도 불구하고 흰 눈이 엄청나게 내려 그녀를 하얗게 덮었다고 했다. 화가 난 로마인들은 그녀를 곳곳에 칼이 박힌 통에 넣고 사정없이 굴리는 극단적인 방법으로 살해했다는 얘기도 들었다.

성당 안으로 들어가니 마침 미사 중이었는데 처음에는 사물을 분간할 수 없이 어두웠다. 차츰 어둠에 익숙해지고 천장을 받치고 있는 하얀 기둥들이 보이기 시작했다. 어른거리는 촛불들, 꽃 장식, 성화들, 조각품들, 정면 한 가운데 높이 서있는 십자가상도 보였다. 어느 성당보다도 엄숙하고 성스러운 기운이 감돌았다.

성인들의 유체를 안치하고 있는 성당 납골당을 순례하는 사람들의 뒤를 따라 내려가 우리도 한 바퀴 돌았다. 로마시대의 복장을 하고 있는 사람들의 조각 작품이 좁은 방들을 지키고 있었다. 죽음이 살아있음과 그리 먼 것이 아니라는 생각을 하게 만드는 순간이었다. 뒤뜰로 나가는 문으로 나갔더니 성당의 그늘 때문인지 시원했고 사람들이 별로 없어 조용했다. 오래된 듯한 작은 분수가 하나있고 분수 한 가운데 말 탄 기사의 조각상이 천천히 돌아가며 물을 맞고 있는 모습을 보니 왠지 웃음이 나왔다. 너무 높고 거대한 건축물만 보고 다니다가 이렇게 조그마한 사람을 보고 있으니 이제 내가 나로 돌아온 듯 친근하고 마음이 편안했다. 그래서 한참 바라보며 쉬다가 대성당 정문 앞으로 나갔다.

성당 정문 쪽은 수리 중이었는데 광장은 마치 세계 인종 전시장처럼 여러 종류의 의상을 걸친 특이한 사람들로 복잡했다. 남루한 옷을 걸친 사람들이 많고, 악사도 있고 거지들도 몰려 다녔다. 이 화려한 도시의 우울한 그늘이 바로 여기에 있었다. 중세의 고딕 거리에는 화분으로 장식된 테라스가 딸린 낡은 건물들이 대부분이었다. 어느 골목에서는 아름다운 선율을 들려주는 음악가들도 만나고 영화를 찍는 촬영 기사들이 작업하는 모습도 지켜보았다. 그러면서 잠깐씩 우리가 주인공으로 영화를 찍고 있다는 착각도 들었다.

성당 앞으로 다시 왔을 때는 자유답사로 헤어졌던 팀원들이 모두 모여 있었다. 우리는 나무 그늘 아래 퇴색한 벤치에 앉아서 이 도시가 주는 느낌들을 서로 나누었다. 중세의 모습을 간직하고 있는 낡고 오래된 것들이 매끄럽고 번쩍이는 새로운 것들과 묘한 조화를 이루는 이 도시를 전체적으로 잘 보려면 적어도 며칠은 더 묵어야 할 것 같다는데 모두 공감이었다. 그리고 우리 모두는 이 도시를 떠나기 전에 엊그제 이 도시로 들어오던 날 걸어 본 람블라스 거리를 다시 보고 싶어 했다.

아디오스, 바르셀로나

햇볕 쏟아지는 한 낮의 람블라스는 여전히 인생이 즐거운 사람들로 출렁이고 있었다. 국적을 알 수 없는 많은 사람들, 팔려고 내 놓은 앵무새, 열심히 손짓하는 초상화가들과 함께 우리도 한껏 즐거웠다. 연달아 이어지는 유쾌한 퍼포먼스, 창의력이 돋보이는 행위 예술들이 우리의 발걸음을 멈추게 하기도 했다. 조각 작품처럼 정지하고 서 있는 신부, 천사, 광대, 중세의 기사가 동전을 던지면 짓궂은 몸짓으로 조용히 깨어났다. 나는 황금 옷을 입은 중세의 기사에게 1달러를 내고 그 옆에 섰다. 기사가 선뜻 손을 내밀어 악수를 청했다. 타임머신을 타고 중세로 날아 가 멋진 기사와 악수하며 찍은 사진을 볼 수 있게 되었다.

람블라스 거리 중간쯤에 있는 보께리아 시장으로 들어갔다. 소시지들이 주렁주렁 매달려 있고 훈제된 돼지고기 넙적 다리로 만든 하몽이 가득한 식품점을 지나 신선한 열대과일의 퍼레이드를 즐기며 시장 구경을 하였다. 우리는 점심 식사 후 디저트로 할 새로운 과일

람블라스 거리에 나타나 말없이 앉아있는 중세기사

을 고르기로 했다. 그러나 고민 끝에 선택한 것은 결국 우리 입맛에 익숙한 청포도와 체리였다.

다시 언제라도 이 거리와 함께 기억 날만한 멋진 곳에서 점심을 먹기로 하고 레스토랑을 골랐다. 가로수를 내려다보며 식사할 수 있는 2층으로 올라갔다. 오래된 식당 같은 느낌을 주는 인테리어를 감상하며 영어라고는 없는 메뉴판에서 짐작으로 각자 하나 씩 음식을 주문하여 골고루 먹어 보기로 했다. 가격 때문인지 손님이 너무 많은 탓인지 서비스도 느리고 음식 맛도 그저 그랬지만 그래도 우리는 마냥 즐겁기만 했다.

후식으로 사온 체리를 깨끗이 씻어 들고 밖으로 나와 거리의 가로수 아래 비어있는 벤치를 찾아보았다. 맘에 드는 자리에 앉기 위해 시간이 필요했지만 기꺼이 기다리다가 마침내 빈자리를 차지했다. 우리들은 나란히 앉아 씻어 온 달콤한 포도와 체리를 먹으며 람블라스 거리 풍경의 일부분이 되어 보았다.

남은 시간은 명품 거리의 상점을 들어 가 보기로 하고 걸었다. 멋있는 디스플레이로 유혹하는 유리문을 밀고 들어가 보았다. 눈으로 보기만 하는 쇼핑이지만 안목의 수준을 높이자고 농담을 하며 몇 군데 돌아다니다 보니 시간이 빠르게 흘러갔다. 눈에 띄는 옷과 액세서리의 색상과 디자인을 본 다음 가격을 보았다. 짐작은 하고 있었지만 역시 세상은 다양한 계층의 사람들이 다양한 색체로 살아가고 있음을 새삼 깨닫게 했다. 지구촌의 극소수의 선택할 수 있는 사람들을 상상하며 선택의 여유도 의사도 없는 우리들은 잠시 열적은 표정을 나누었다. 말없이 문을 열고 나와 다시 즐거워진 기분으로 거리를 활발하게 걸었다

이제 이번 여행의 마지막 저녁이 왔다. 오늘 답사의 백미는 역시 바르셀로나의 예술적이고 풍요로운 건축물들이었다. 시내 이곳저곳에 서있는 웅장한 모습의 가우디 작품들은 매우 인상적이었다. 가우디가 없는 바르셀로나는 생각하기 어려울 만큼 바르셀로나는 가우

디의 대형 전시장 같았다. 아니 바르셀로나의 주인이야 말로 바로 가우디라는 생각이 들었다. 그것도 아주 오래도록 주인일거라는 생각이 들었다. 앞으로 얼마나 많은 사람들이 그를 만나러 올 것인지 이 나라의 관광수익을 생각하니 부럽기까지 하다. 우리나라도 빼어난 자연에 어울리는 아름다운 도시 공간을 디자인할 건축가가 있을 텐데! 아직 후원자를 만나지 못한 걸까?

가우디의 또 다른 작품들인 파라시오 구엘, 콜로니아 구엘 성당을 포함하여 교회 벽화 컬렉션으로 유명한 카탈루냐 미술관 등 이번에 놓친 곳들을 서운한 마음으로 메모해 두었다. 정열의 나라 스페인의 정서를 대표하는 투우 경기를 보지 못한 아쉬움도 크다.

스페인은 지형 상 서로 등을 맞대고 있는 이웃, 포르투갈과도 그 문화는 확연히 다르게 느껴졌다. 스페인에 왔노라, 보았노라, 의미가 있었노라. 화려한 여인 같은 나라, 놀라울 정도로 다양한 얼굴을 지니고 있는 빛의 나라! 하여튼 스페인 여행은 나에게 큰 행운이었다. 나는 다시 나에게 다음 행운이 기다리고 있다고 믿는다. 그 행운을 준비된 행운으로 만들고자 또 내가 나를 재촉할 것도 알고 있다.

(08, 07, 일요일)

아디오스, 바르셀로나! 우리는 12:50에 바르셀로나를 출발하여 15:15에 암스텔담 도착, 16:50에 인천으로 가는 비행기로 바꾸어 탔다. 다음 날 저녁, 인천 공항에 도착했는데 나의 여행 가방이 나오질 않았다. 전에도 같은 경험이 있었기 때문에 안전하게 돌아오리라 생각하고 걱정은 하지 않고 기다리다 공항 사무실에 신고했다.

그러는 사이 대구 가는 마지막 비행기는 이미 떠났고, 공항 지하 식당에서 동행한 팀원들과 이번 여행 마무리를 하다 보니 기차 시간마저도 바쁘게 되었다. 버스를 타고 서울역으로 급하게 갔다. 작은 가방 하나만 어깨에 달랑 메고 뛰어 가서 겨우 밤 10시 10분 KTX 막차를 탈 수 있었다. 내가 큰 가방을 끌고 서울 역 계단들을 내려가야 했다면 아마 그 마지막 기차도 타지 못했을 것이다. 다행히? 큰 짐을 잃어버려서 그 밤에 집에 까지 올 수 있었다. 완전히 나쁘기만 한 일도 없고 완전히 좋기만 한 일도 없다는 말이 떠올랐다.

(08, 07, 일요일)

참고한 책들

교양, 티트리히슈바니츠 지음, 안성기외 옮김, 들녘
The Art of Travel, Alain de Botton, Vintage International
살아있는 세계사 교과서, 전국역사교사모임 지음, 휴머니스트 출판그룹